Wie ist das mit … dem Glück

Roland Kachler

# Wie ist das mit... dem Glück

Mit farbigen Bildern von
Sandra Reckers

gabriel

# Inhalt

| | |
|---|---|
| Alle wollen glücklich sein | 8 |
| | |
| Wie wir glücklich werden | 11 |
| Tom und Tina erfinden ein Glücksrad | 12 |
|   Da hast du Glück gehabt | 14 |
|   Warum Lachen guttut | 16 |
|   Warum Spielen glücklich macht | 17 |
|   Glücklich sein ist ein tolles Gefühl | 20 |
|   Gewinnen macht glücklich | 21 |
|   Herzlichen Glückwunsch! | 23 |
|   Das Glück ist ein Geschenk | 26 |
|   Wer glücklich ist, vergisst die Zeit | 27 |
|   Was bringt Glück, was bringt Pech? | 28 |
|   Was dich glücklich machen kann … | 30 |
|   Worüber du unglücklich sein darfst … | 30 |
| | |
| Geliebt werden ist das größte Glück | 31 |
| Max und Niklas halten zusammen | 32 |
| Jeder braucht Freunde | 34 |
|   Auslachen ist gemein – Schadenfreude ist nicht schön | 36 |
|   Dazugehören macht glücklich | 37 |
|   Helfen tut gut | 39 |

| | |
|---|---|
| Wirklich wichtig ist, dass du glücklich bist | 42 |
| Kinder möchten geliebt werden – und Kinder wollen lieben | 44 |
| Du bist eine Prinzessin, du bist ein Prinz | 48 |
| Was liebe Menschen dir sagen … | 49 |
| Warum Freunde wichtig sind | 50 |

## Freude schenkt großes Glück 53

| | |
|---|---|
| Lena und Nils freuen sich auf die große Überraschung | 54 |
| Vorfreude ist die schönste Freude | 55 |
|   Enttäuschungen sind ganz normal | 57 |
|   Schenken macht Freude | 60 |
|   Geteiltes Glück ist doppeltes Glück | 62 |
|   Glück und Glas – wie leicht bricht das | 64 |
|   Sich einfach freuen! | 66 |
|   Schöne Dinge machen glücklich | 68 |
|   Worüber hast du dich heute gefreut? | 70 |
|   Wie du ein Glückspilz wirst | 72 |

## Etwas Neues entdecken ist aufregend 75

| | |
|---|---|
| Sara und Akin fliegen ins Weltall | 76 |
|   Wenn dir langweilig ist | 77 |
|   Spannend wie ein Krimi | 79 |
|   Warum Malen und Basteln zufrieden machen | 82 |
|   Neues lernen macht Spaß | 85 |
|   Wenn der Groschen fällt – ein aufregendes Erlebnis | 88 |

| | |
|---|---|
| In der Fantasie ist alles möglich | 91 |
| Was dich neugierig machen könnte | 92 |
| Wie Lernen Spaß macht | 94 |

## Etwas erreichen macht glücklich und stolz — 97

| | |
|---|---|
| Pascal und Nadja besiegen einen Riesen | 98 |
| Wohin willst du? – Warum wir Ziele brauchen | 100 |
| In der Natur ist man frei und glücklich | 102 |
| Etwas können macht stolz und stark | 106 |
| Durchhalten, wenn es schwierig wird | 109 |
| Hurra – du hast es geschafft! | 112 |
| So bekommst du Selbstvertrauen | 114 |
| Was du heute geschafft hast | 116 |
| Was tun, wenn du unglücklich bist? | 118 |

## Trotz Unglück glücklich sein? — 121

| | |
|---|---|
| Marcel gewinnt das Rollstuhlrennen | 122 |
| Wer Unglück überwindet, wird stark | 125 |
| Trotz Unglück kann man wieder glücklich sein | 129 |

## Glückliche Kinder – glückliche Eltern

| | |
|---|---|
| Ein Wort für die Erwachsenen | 130 |

## Register — 141

# Alle wollen glücklich sein

Wie siehst du aus, wenn du glücklich bist? Lass mich raten. Ich glaube, dass du dann über das ganze Gesicht strahlst. Dein Mund ist offen und ich sehe deine weißen Zähne. Deine Augen glänzen und leuchten. Aus deinem Gesicht springt Freude. Und wenn du auch noch laut lachst, dir an den Bauch fasst und dabei hüpfst, dann bin ich mir sicher, dass du glücklich bist.
Bist du gerade glücklich? Du weißt es nicht? Genau! Du bist einfach glücklich und machst dir keine Gedanken darüber. Erst wenn dich jemand fragt, wird dir klar, dass es dir gut geht, dass du dich freust und dass du glücklich bist. Wenn du glücklich bist, denkst du meistens gar nicht darüber nach, warum das gerade so ist. Dann ist es auch am besten, ohne großes Nachdenken einfach nur glücklich zu sein.
Und doch kannst du dir überlegen, wann du glücklich bist. Warum sollst du dir darüber den Kopf zerbrechen? Zerbrechen muss er ja nicht gleich, aber es ist gut zu wissen, was dich glücklich macht. Dann kannst du dir das wünschen, was zum Glück beiträgt. Das könnte ein tolles Geschenk sein, der überraschende Besuch eines Freundes oder einer Freundin oder dein Lieblingsessen, das es heute gibt.

Wahrscheinlich bist du auch glücklich, wenn du beim *Mensch ärgere dich nicht* eine Sechs würfelst oder bei einem anderen Spiel als Erster ins Ziel kommst. Gewinnen macht glücklich, aber dazu brauchst du meistens ein bisschen Glück.

Oft kann man für sein Glück nichts. Dass du heute Geburtstag hast, dafür kannst du nichts und trotzdem wirst du an deinem Geburtstag ziemlich sicher glücklich sein. Wie die Geburtstagsgeschenke ist das Glück selbst oft ein Geschenk. Du musst es nur in die Hände nehmen und auspacken.

Es gibt aber auch das Glück, zu dem du selbst etwas beitragen kannst. Wenn du merkst, dass du beim Fahrradfahren oder beim Fußballspielen glücklich bist, dann kannst du diese Dinge immer wieder tun. Dabei wirst du immer besser – und auch das macht glücklich. Für manches Glück musst du dich sogar richtig anstrengen. Wenn du gut Flöte oder Gitarre spielen willst, musst du ziemlich viel üben. Sobald du das Instrument beherrschst, macht es dir riesigen Spaß. Wenn du dann bei einer Aufführung mit deiner Musik dich und andere glücklich machst, dann ist das wirklich ein Glücksfall für dich.

So, jetzt hast du schon einiges über die Geheimnisse des Glücks gelesen oder gehört. Möchtest du noch mehr vom Glück wissen? Klar, wirst du sagen. Klar, sage ich dir, denn in den Geschichten dieses Buches wirst du Kinder kennenlernen, die ihr Glück finden. Ohne dass du es so richtig merkst, wirst du dich vom Glück dieser Kinder anstecken lassen.

Möchtest du wissen, wie Tim und Tina anderen mit einem Glücksrad Glück bescheren? Kennst du Sara und Akin, die bei ihrer Reise auf den Mond ganz glücklich über neue Entdeckungen sind? Willst du erfahren, wie Pascal und Nadja einen Riesen bezwingen oder Marcel trotz Unglück ein glücklicher Sieger wird?

Dann spring doch gleich in das Glück hinein und beginne zu lesen. Dabei darfst du auch grinsen, schmunzeln, mitfiebern, die Daumen drücken, lachen oder eben einfach glücklich sein.

# Wie wir glücklich werden

 **TOM UND TINA ERFINDEN EIN GLÜCKSRAD**

»Was machst du heute Nachmittag? Kommst du runter?«, ruft Tina nach oben über die Straße zu Tom hinauf. Tom schaut aus dem geöffneten Fenster seines Kinderzimmers. Auf der Straße fahren viele Autos.

»Ich komme gleich, muss nur noch unsere Katze füttern.«

Nach wenigen Augenblicken wird die Haustür aufgerissen. Tom stürmt heraus. Lachend winkt er Tina zu. Dann rennt er los. Er taucht kurz zwischen den am Straßenrand geparkten Autos auf. Ein Blick nach links, ein Blick nach rechts und schon ist Tom auf der Fahrbahn.

Die Autobremsen quietschen. Tom rutscht aus. Er stürzt auf die Straße. Ein Auto kommt zum Stehen. Ein zweites Auto dahinter bremst scharf. Autotüren werden aufgestoßen. Tom liegt auf der Straße. Tina steht vor Schreck ganz starr da.

»Ist dir was zugestoßen?« Tom hört die erschrockene Stimme einer Frau. Er schaut verdattert nach oben. Über ihm ist die Stoßstange eines Autos.

»Kannst du nicht aufpassen.« Das ist der Mann, der aus dem zweiten Auto gestiegen ist. Eine Menschenmenge sammelt sich um Tom. Tina bleibt wie betäubt am Straßenrand stehen.

»Das hätte schiefgehen können«, sagt eine Frau mit einem kurzen Rock.

»Junge, Junge, da hast du Glück im Unglück gehabt«, mischt sich der Autofahrer des zweiten Autos ein und zeigt auf das blutende Knie von Tom.

»Tut gar nicht weh«, erwidert Tom, wischt sich das Blut ab und rappelt sich auf.

»Sollen wir die Polizei holen?«, fragt die Frau mit dem kurzen Rock.

»Nein, nicht nötig«, ruft Tom und rennt plötzlich wie der Blitz los. Die umstehenden Menschen schauen ihm verdutzt nach.

»Schnell, lass uns zu dir nach Hause gehen«, keucht

Tom und reißt Tina mit. Tina stößt die Haustür auf und beide rennen nach oben.

> **Da hast du Glück gehabt**
> »Da hast du Glück gehabt«, sagen wir, wenn etwas gerade noch gut ausgeht. Wenn du noch rechtzeitig vor dem Regen nach Hause kommst, dann hast du Glück gehabt. Du bist sehr froh und erleichtert, dass es gerade noch gereicht hat. Wenn du in einer Situation noch glimpflich davonkommst, bist du erleichtert und glücklich.
> Manchmal geht tatsächlich etwas schief oder es passiert etwas Schlimmes. Wenn es dann doch nicht ganz so schlimm ist, wie es auch hätte sein können, sagen wir: »Gerade noch einmal Glück gehabt.«

»Ich bin ziemlich erschrocken«, stößt Tina hervor.

»Ich auch.« Tom verzieht das Gesicht, als er die Wunde am Knie untersucht. Tina pikst ihn in die Seite.

»Lass das!« Tom kichert. Tina hört nicht auf zu piksen. Sie merkt, dass es Tom gefällt.

»Was ist denn bei euch los?« Frau Martensen, die Mutter von Tina, schaut ins Kinderzimmer. Tom kringelt sich lachend auf dem Boden.

»Du lachst wohl noch deinen Schreck weg. Und vor lauter Lachen tut dein verletztes Knie nicht mehr weh.«

Frau Martensen lächelt. »Aber versorgt werden muss die Wunde trotzdem.«

Tom versucht, sein Lachen zu bremsen. Doch dann prustet er wieder laut los. Auch Tina kichert in hellen Tönen.

›Lacht ihr nur‹, denkt Frau Martensen, während sie Toms Knie verarztet. ›Lachen ist doch die beste Medizin‹.

»Und was machen wir jetzt?«, fragt Tina, als sie sich wieder beruhigt hat.

Tom hält sich immer noch den Bauch: »Na, irgendwas spielen.«

»Ich weiß nicht recht.« Tom und Tina sitzen eine Weile unschlüssig da.

**Warum Lachen guttut**
Weißt du, wie du kicherst oder lachst? Ist es ein »Hahaha« oder ein »Hihihi«? Das Lachen beginnt, wenn du einen Witz hörst, wenn du gekitzelt wirst oder wenn du mit anderen lachst. Dein Mund wird breit, man sieht deine Zähne und ein Strahlen geht über dein Gesicht. In deinem Bauch hebt sich das Zwerchfell und stößt Atemluft durch deine Kehle. Manchmal tut dir sogar der Bauch vor Lachen weh, weil beim Lachen das Zwerchfell in deinem Bauch hüpft.
Wenn du lachst, geht es dir einfach gut. Und nach dem Lachen ist dein Kopf frei. Du kannst leicht Luft holen. Und du bist ganz locker. Deshalb ist Lachen ein bisschen wie gute Medizin.

»Das kann man ja nicht ansehen mit euch beiden. Ihr könntet euch doch selbst ein Spiel ausdenken«, fordert Frau Martensen die beiden Kinder auf.

»Ein Spiel ausdenken? Wie soll denn das gehen?«, mault Tina. Tom denkt angestrengt nach. Seine Stirn legt sich in Falten.

»Hol doch einen Zeichenblock und Wachsfarben, dann werden wir schon sehen.«

»Du meinst, dann erfinden wir ein Spiel.«

»Genau.«

»Na dann viel Glück, ich geh mal noch etwas besorgen«, ruft Frau Martensen im Weggehen und verlässt die Wohnung.

»Wir könnten doch ein Spiel machen wie *Mensch ärgere dich nicht*«, schlägt Tina vor.

»Mhm, ich weiß nicht recht.« Tom wiegt seinen Kopf.

»Vielleicht machen wir ein Kartenspiel?«

»Nicht schlecht und das könnten wir dann in unserem Spieleladen verkaufen.«

»Was? Ein Spieleladen?«

»Na klar, wenn wir schon ein Spiel erfinden, dann verdienen wir Geld damit.«

»Nö, das finde ich nicht gut. Ein Spiel soll doch einfach nur Spaß machen.« Tina malt ärgerlich einen großen Kreis auf den Zeichenblock.

»Was wird das denn?«

**Warum Spielen glücklich macht**
Auch du spielst sicherlich gerne, weil Spielen einfach Spaß macht. Manche Spiele sind spannend, weil du gewinnen willst. Andere Spiele sind schön, weil du wie beim Theaterspielen in eine Rolle schlüpfst. Wenn du ganz im Spielen versunken bist, kannst du alles um dich herum vergessen. Es zählt nur noch das Spiel. Und wer alles und sogar sich selbst vergisst, ist glücklich und zufrieden.

»Weiß nicht«, erwidert Tina und malt einen Punkt genau in die Mitte des Kreises. Dann zieht sie Linien vom Mittelpunkt zum Kreisumfang.
»Sieht aus wie ein Kuchen.«
»Oder wie ein Rad mit vielen Speichen.«
»Ich hab's: Das ist ein Glücksrad.«

Eine Stunde später stehen Tina und Tom am Gartentor. An einem Bretterzaun ist ein großes Glücksrad angebracht. Auf dem Rad sind rote, gelbe und schwarze Felder.
Tom hat ein Plakat in den Händen. Er streckt es den vorübergehenden Menschen entgegen. Er ruft: »Glück im Spiel!«
»Versuchen Sie Ihr Glück«, unterstützt Tina ihn und dreht an dem Glücksrad.
»Was kann man denn bei euch gewinnen?« Ein Mann bleibt stehen. Doch dann schaut er auf seine Uhr und rennt weiter. »Ich kann nicht bleiben. Habe noch einen Termin.«
Tina schüttelt den Kopf.
»Was muss ich denn tun, dass ich zu meinem Glück komme?« Eine ältere Frau zeigt auf das Glücksrad.
»Sie sagen eine Farbe«, erklärt Tom. »Tina dreht das Rad, und wenn das Rad bei Ihrer Farbe am Pfeil stehen bleibt, dann bekommen Sie etwas.«
»Das ist aber toll und kostet das was?«
»Nein, gar nichts.«

»Das wirkliche Glück kostet nichts«, lächelt die Frau. »Aber eine kleine Spende würdet ihr schon nehmen?« Tom und Tina nicken eifrig.

»Ich setze auf die Farbe Rot.« Tina dreht am Rad. Es kreist so schnell, dass die farbigen Felder verschwimmen. Dann wird es langsamer. Am Pfeil bleibt es bei einem weißen Feld stehen.

**Glücklich sein ist ein tolles Gefühl**
Wenn du glücklich bist, dann spürst du das in deinem Körper. Dir wird ganz warm und heiß. Dein Herz klopft ganz schnell. Dein Gesicht strahlt. Und am liebsten würdest du in die Luft hüpfen und laut »Juhu« schreien. Dabei freust du dich so richtig. Du könntest vor lauter Glück platzen.
Wir erleben das Glück am ganzen Körper, aber das Glücksgefühl entsteht im Gehirn. Dort gibt es Stoffe, die in unserem Gehirn schöne Gefühle auslösen. Man nennt diese Stoffe »Glückshormone«.

»Schade«, sagt Tom und schaut die Frau betreten an. »Bei einem weißen Feld bekommen Sie gar nichts.«

»Dann habe ich Pech gehabt.« Die Frau lacht. »Nicht so schlimm, vielleicht habe ich beim nächsten Mal mehr Glück.« Sie zieht ihre Geldbörse hervor und legt ein Fünfzigcentstück auf den kleinen Tisch, der unter dem Glücksrad steht. Tom und Tina schauen sich glücklich an. Aber sie können sich gar nicht lange freuen, weil mehrere Menschen neugierig stehen geblieben sind.

Ein kleines Mädchen an der Hand seiner Mutter zeigt auf das Glücksrad und ruft »Rotes Feld«. Tom nickt und bringt das Rad in Schwung. Das Rad wird langsamer und will bei einem weißen Feld stehen bleiben. Auf dem

Gesicht des Mädchens zeigen sich Falten. ›Gleich wird es weinen‹, denkt Tom. Er gibt dem Rad noch einen kleinen Schubs und schon steht es auf Rot.

> **Gewinnen macht glücklich**
> Wenn du bei einem Spiel gewinnst, weil du eine Sechs oder die richtige Zahl gewürfelt hast, dann freust du dich. Du wünschst dir die Sechs oder den Sieg herbei. Und doch bist du dann freudig überrascht, wenn es tatsächlich passiert. Wir hoffen alle, dass wir solch ein Glück haben. Deshalb spielen Menschen Glücksspiele wie Lotto, obwohl nur ganz wenige das Glück haben, etwas zu gewinnen.
> Auch der Sieg bei einem Wettspiel oder Wettkampf ist etwas Tolles. Du bist als Erster durchs Ziel gelaufen, hast die meisten Punkte oder hast die beste Weite beim Werfen erzielt. Auf dem Siegerplatz zu stehen ist ein richtiger Triumph, über den du laut jubelst.

»Siehst du, Marie, der Junge hilft dem Glück ein bisschen nach«, sagt die Mutter des Mädchens und zwinkert Tom zu.

Marie strahlt Tina erwartungsvoll an. Tina greift unter das Tischchen in die Schachtel mit den Gewinnen und Glückwünschen und überreicht ihr einen roten Marienkäfer.

»Ein Glückskäfer«, erklärt die Mutter. Marie packt den Schokoladenkäfer aus und steckt ihn in den Mund.

»Vielen Dank. Ihr habt meiner Tochter eine große Freude gemacht.«

Immer mehr Leute möchten ihr Glück versuchen. Tina dreht immer wieder am Rad. Tom gibt die Gewinne aus. Als nach über einer Stunde niemand vor dem Glücksrad steht, sagt Tina: »Puh, richtig anstrengend.«

»Ja, bald müssen wir auch aufhören, weil wir keine Gewinne und Glückswünsche mehr haben.« Tom schaut in die Schachtel, die er unter dem Tisch hervorgeholt hat. Nur noch ein zusammengefaltetes Papier liegt darin.

»Weißt du, was das für ein Wunsch war?«

»Nein, ich weiß es nicht mehr.«

Ein Mann im blauen Anzug und mit einer Krawatte um den Hals, einem i-Pod im Ohr, bleibt stehen. In diesem Augenblick kommt eine junge Frau mit einer Aktentasche unter dem Arm dazu.

»Bei euch kann ich mein Glück versuchen?«

»Selbstverständlich«, erwidert Tom laut.

»Und was ist mit mir. Darf ich auch auf das Glück setzen?«, mischt sich die junge Frau ein.

**Herzlichen Glückwunsch!**
Weil das Glück für uns Menschen, so wichtig ist, wünschen wir es immer wieder. Vor einer Klassenarbeit wünschen dir deine Eltern oder Großeltern viel Glück. Bei deinem Geburtstag oder bei einem tollen Zeugnis sagen deine Eltern »Herzlichen Glückwunsch.« Andere wünschen dir für dein Lebensjahr Gesundheit und Glück. Das wünschen wir uns gegenseitig, zum Beispiel auch an Silvester.

»Ähm, das geht irgendwie nicht. Wir haben nur noch einen Glückswunsch.«

»Das ist aber schade«, klagt die junge Frau und macht mit ihren roten Lippen einen großen Schmollmund. Sie schaut dabei auf den Mann im Anzug.

»Natürlich trete ich da zurück«, sagt der Mann und deutet eine kleine, höfliche Verbeugung an.

»Das ist nett von Ihnen. Vielen Dank.« Jetzt macht die junge Frau eine Verbeugung und lacht. Sie dreht am Glücksrad. Das Rad dreht sich zuerst schnell und wird dann langsamer. Ein weißes Feld bewegt sich auf den Pfeil zu.

»Noch ein bisschen, ein bisschen zu meinem großen Glück«, ruft die junge Frau und pustet auf das Rad, damit es sich noch ein Feld weiterdreht.

»Ja, so wird es zum großen Glückstreffer.« Der junge

Mann hält beide Fäuste hoch und drückt mit zusammengebissenen Zähnen die Daumen. Ganz knapp erreicht ein rotes Feld den Pfeil.

»Juhu, das rote Feld!« Die junge Frau strahlt den Mann an. Der gibt ihr die Hand und sagt lachend: »Ich gratuliere Ihnen.« Dabei schaut er ihr lange in die Augen. Tina grinst Tom an. Tom tippt sich mit dem Zeigefinger an den Kopf und grinst zurück.

»Und was ist nun der Gewinn für diese hübsche Frau«, sagt der Mann, nachdem er die Hand der jungen Frau losgelassen hat.

Tina und Tom heben fragend die Schultern und lassen sie wieder fallen.

»Hier ist der letzte Glückswunsch.« Tina hält der Frau die Schachtel mit dem letzten Glückslos hin. Aufgeregt faltet die junge Frau das Los auseinander. Dann fängt sie an, laut zu lachen.

»Wie witzig. Das kann ich gut gebrauchen.« Dann schaut sie noch einmal den Zettel mit dem Glückswunsch an, dann zu Tom und Tina und dann zu dem Mann im Anzug.

»Dürfen wir erfahren, was der Wunsch ist?«

»Ob Sie es glauben oder nicht, aber auf diesem Zettel steht ›Glück in der Liebe‹.«

»Diesen Wunsch kenne ich gar nicht«, sagt Tom zu Tina.

»Den habe auch ich geschrieben und dann heimlich reingetan.« Tina strahlt über das ganze Gesicht.

»›Glück in der Liebe‹, das müssen wir feiern. Darf ich Sie zu einem Kaffee einladen?« Der Mann im Anzug hat wieder seine Worte gefunden.

»Gerne«, erwidert die junge Frau, »schließlich haben Sie so fest die Daumen für mein Glück gedrückt.«

»Dann lassen Sie uns gehen. Und vielen Dank ihr beiden. Tschüss.«

»Ja, vielen Dank. Ihr zwei seid richtige Glücksboten.« Die beiden drehen sich um und die junge Frau winkt Tina und Tom zu.

»Die hüpfen richtig«, wundert sich Tom.

»Die haben sich auch verliebt, du Dummkopf!«

»Du spinnst!«

»Doch, ganz bestimmt!«

»Du tust gerade so …!«

Tina wird ein bisschen rot im Gesicht. Dann sagt sie schnell: »Jetzt ist es aber spät geworden. Komm, wir räumen auf.«

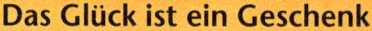

**Das Glück ist ein Geschenk**
Vielleicht hast du schon gemerkt, dass man Glück nicht machen kann. Wir müssen es finden. Wenn man einen Menschen findet, den man lieb hat, dann hat man sein Glück gefunden. Und dann ist das wie ein großes Geschenk, das man überraschend erhält. Dann ist man vom Glücksgefühl so überrascht, dass man ganz überwältigt ist.

Tom schleicht die Stufen im Treppenhaus nach oben. Die Sonne ist schon lange verschwunden.

Er zieht die Schnur mit dem Wohnungsschlüssel über seinen Kopf und steckt den Schlüssel ins Schlüsselloch.

›Hoffentlich ist Mama noch nicht zu Hause‹, denkt er. Leise öffnet er die Wohnungstür.

»Wo kommst du denn so spät her?« Das ist die Stimme seiner Mutter.

»Von Tina«, stottert Tom.

»Von Tina? Weißt du eigentlich, wie spät es ist?«

»Nein, wir haben so lange gespielt.«

»Und da hast du die Uhr vergessen.« Tom nickt und schaut an seiner Mutter vorbei.

»Hast du wenigstens deine Hausaufgaben gemacht?«

Tom senkt zuerst die Augen, dann den Kopf. Toms Mama, Frau Lechtenbrink, hebt ihre Hände und will anfangen zu schimpfen. Tom duckt sich. Frau Lechtenbrink hält inne, denkt einen Augenblick nach und lacht dann. »Ach was, ich bin ja nur froh, dass du da bist. Ich habe mir schon Sorgen um dich gemacht.«

> **Wer glücklich ist, vergisst die Zeit**
> Wenn du spielst, dann vergisst du alles um dich herum. Du bist ganz vertieft und dir geht es gut, obwohl du es nicht merkst. Wenn du mit Freunden zusammen bist, verfliegt die Zeit im Nu. Ihr habt das Gefühl, die Uhr bleibt stehen. Die Erwachsenen sagen dazu: »Dem Glücklichen schlägt keine Stunde.«

Toms Mutter nimmt ihn in die Arme und drückt ihm einen Kuss auf die Stirn.

»Ich bin glücklich, dass es dich gibt«, flüstert sie.

Tom lächelt und drückt sich noch einmal an seine Mutter.

›Das ist noch einmal gut gegangen‹, denkt er. ›Überhaupt war das heute ein komischer und doch schöner Tag.‹

 ## WAS BRINGT GLÜCK, WAS BRINGT PECH?

Menschen warten immer auf das Glück. Sie überlegen, was ihnen Glück bringen kann. Deshalb haben sie sogenannte Glücksbringer erfunden. Die Menschen hoffen, dass bestimmte Gegenstände oder Personen ihnen Glück bringen.

### Vierblättriges Kleeblatt
Ein solches Kleeblatt ist ganz selten und es ist ein großes Glück, eines zu finden. Du kannst es auf einer Wiese suchen und zwischen die Buchseiten eines dicken Buches legen und pressen.

### Schornsteinfeger
Der schwarz gekleidete Schornsteinfeger sieht ganz anders aus als alle anderen und ist deshalb etwas Besonderes. Er reinigt den Schornstein oder Kamin und hilft so, dass kein Haus abbrennt.

### Glücksschwein
Ein Schwein war für die Menschen früher sehr wertvoll. Wer viel »Schwein« hatte, war ein reicher und wohlhabender Bauer. Im Mittelalter bekam man bei Wettspielen ein kleines Schweinchen als Preis.

Scherben
Man sagt »Scherben bringen Glück«. Wenn ein Glas oder eine Tasse zerbricht, ist man zuerst traurig. Doch dann hofft man, dass aus der traurigen Situation noch eine gute und glückliche werden kann.

Es gibt auch Zeichen, die uns vor Pech und Unglück warnen sollen.

Die Zahl dreizehn

Eine schwarze Katze

Du weißt natürlich, dass Glücksbringer nicht das Glück herbeizaubern. Aber sie helfen uns, darauf zu achten, wenn uns etwas Schönes und Glückliches passiert. Dann kannst du – so sagt man – das Glück beim Schopfe packen. Auch eine schwarze Katze oder der Freitag, der dreizehnte bringen kein Unglück. Aber solche Zeichen erinnern uns daran, dass wir gut auf uns aufpassen sollten, damit uns nichts Schlimmes passiert.

 ## WAS DICH GLÜCKLICH MACHEN KANN …

- Wenn du einfach nur lachen kannst
- Wenn du beim Spielen gewinnst
- Wenn es dein Lieblingsessen gibt
- Wenn dich deine Mutter oder dein Vater umarmt
- Wenn dich deine Großeltern überraschend besuchen
- Wenn am Ausflugstag die Sonne scheint
- Wenn du deinen Geburtstag feierst

Und nun kannst du selbst aufschreiben, was dich gerade besonders glücklich macht.

 ## WORÜBER DU UNGLÜCKLICH SEIN DARFST …

- Wenn du hingefallen bist und du dir wehgetan hast
- Wenn du eine schlechte Klassenarbeit zurückbekommst
- Wenn deine Mutter oder dein Vater schimpft
- Wenn dir ein Bild oder eine Bastelarbeit missglückt ist
- Wenn dein bester Freund oder deine beste Freundin wegziehen muss

Und nun kannst selbst aufschreiben, was dich in den letzten Tagen unglücklich gemacht hat.

# Geliebt werden
# ist das größte Glück

 ## MAX UND NIKLAS HALTEN ZUSAMMEN

»Das ist die letzte Klassenarbeit, die ihr vor den Ferien zurückbekommt.« Frau Klein hat einen Stapel Mathematikhefte unter dem Arm.

»Nina, deutlich verbessert!«

Nina springt auf und nimmt ihr Heft entgegen.

»Max, das ist wieder eine Superarbeit.« Max steht langsam auf und empfängt seine Arbeit grinsend. Er schaut sich in der Klasse um, dann wirft er das Heft auf den Tisch. Er lässt sich auf seinen Stuhl plumpsen.

»Julia, wirklich gut.«

»Juhuhu!« Julia packt das Heft und strahlt ihre Freundin Laura an.

Frau Klein teilt die Arbeiten an die anderen Schülerinnen und Schüler aus. Noch ein Heft hat sie in der Hand. Sie wiegt stirnrunzelnd den Kopf.

»Niklas, das war leider nicht so gut.« Niklas steht langsam auf, greift nach dem Heft. Er fasst daneben. Das Heft fällt wie ein taumelnder Schmetterling zu Boden.

»Sei nicht unglücklich, Niklas. Du hast es in den letzten Wochen sehr schwer gehabt«, versucht die Lehrerin Niklas zu trösten. »Ich werde mit deinen Eltern reden. Das wird schon noch gut.«

Niklas hört gar nicht mehr zu. Er bückt sich und sieht die rote Ziffer auf der aufgeschlagenen Seite. Vier bis Fünf liest er. Er hebt das Heft auf. Als er sich aufrichtet,

sieht er bleich in das Gesicht von Max, seinem Sitznachbarn. Max schaut Niklas fragend an.

»Das war es dann wohl«, flüstert Niklas.

»Was war was?«, fragt Max leise.

»Mit dem Gymnasium.«

»Du gehst doch mit mir aufs Gymnasium nach Neustadt, oder?«

»Mit dieser Vier bis Fünf geht das wohl kaum.« Niklas schluckt. Er wischt sich Tränen von den Wangen. Max legt seine Hand auf Niklas' rechten Arm.

»Wir bleiben Freunde!«, sagt Max und drückt Niklas.

»So, Kinder, jetzt ist aber wieder Ruhe. Wir machen uns an die Verbesserung der Arbeit.« Die Stimme von Frau Klein durchdringt den geschwätzigen Lärm der Klasse der Astrid-Lindgren-Schule. Das Reden und Flüstern in der Klasse wird leiser. Frau Klein schreibt die erste Aufgabe an die Tafel.

> **Jeder braucht Freunde**
> Kinder brauchen Freunde. Du brauchst andere Kinder, mit denen du spielen kannst, mit denen du etwas unternehmen kannst und mit denen du reden kannst. Freunde und Freundinnen helfen sich gegenseitig und teilen miteinander. Wenn du mit deinen Freunden zusammen bist, fühlst du dich richtig gut und glücklich. Natürlich streiten Freunde auch manchmal, aber weil sie Freunde sind und Freunde bleiben wollen, versöhnen und vertragen sie sich auch wieder.

Es klingelt. Alle springen auf, stecken ihre Füller in die Mäppchen und packen alles in die Schulranzen. Auch Max rafft seine Schulsachen zusammen und flitzt zur Tür. Dann dreht er sich um. Niklas verlässt langsam das Klassenzimmer. Sein Kopf sinkt zwischen die Schultern.

»Gib mir deinen Schulranzen«, fordert Max Niklas auf.

Niklas schüttelt den Kopf. »Lass mich einfach allein.«

»Du spinnst wohl, ich bin doch dein Freund. Ich lass dich jetzt nicht allein.«

Niklas zuckt mit den Schultern.

»Ich glaube nicht, dass du jetzt nicht mit aufs Gymnasium kommst«, hakt Max nach.

»Ich schon.«

Max will noch etwas sagen, doch dann hört er das Gekicher von Nina, Julia, Laura und Melina. Die Mädchen stehen im Flur und stecken ihre Köpfe zusammen. Dann ertönt wieder eine Lachsalve. Max und Niklas drücken sich an den Mädchen vorbei.

»So ein Doofie«, kreischt Laura.

»Ja, der ist echt doof«, stimmt Julia lachend zu.

»Die lachen mich aus!« Niklas dreht sich zu den Mädchen um. Nina zieht mit beiden Zeigefingern ihren Mund zu einem breiten Grinsen, rümpft die Nase und verdreht die Augen.

»Ach was. Du spinnst schon wieder.« Max kramt ein Blatt Papier aus seinem Schulranzen, zerknüllt es und wirft den Papierball nach den Mädchen. Laura fängt ihn lachend auf: »Nicht getroffen, der süße Maxilein.« Die anderen Mädchen kichern.

»Die lachen mich aus.« Niklas ist den Tränen nahe.

»Ach was, so sind die nicht. Und außerdem: Schadenfreude wäre jetzt wirklich gemein.«

### Auslachen ist gemein – Schadenfreude ist nicht schön

Lachen ist schön, aber über andere lachen ist gemein. Wenn wir lachen, weil dem anderen etwas misslingt, dann nennt man das Schadenfreude. Wir lachen dann über das Pech von anderen. Manchmal lachen wir auch über jemand, weil er sich komisch benimmt oder anders ist als wir. Aber niemand mag es, wenn er selbst ausgelacht wird. Deshalb sollst du nicht auf Kosten von anderen lachen oder dich über andere lustig machen.

Langsam trottet Niklas neben Max her und merkt gar nicht, dass sie gerade am Fußballplatz vorbeigehen.

»Tooor!«, schreit da plötzlich Daniel und dreht jubelnd ab. Jonas kriecht in das dichte Gebüsch, vor dem die beiden Schulranzen stehen. Sie sind die Pfosten des einen Tores, auf der gegenüberliegenden Seite markieren zwei Pullover das andere Tor. Nach einer Weile kommt Jonas mit dem Ball unter dem Arm wieder aus dem Gebüsch.

»Komm, lass uns mitkicken.« Max boxt Niklas in die Seite.

»Nein, hab keine Lust.« Niklas kickt einen Stein ins Gras. Seine Hände hat er tief in den Hosentaschen vergraben.

»He, ihr zwei«, ruft Fabian, »macht ihr mit?«

»Nein, Niklas hat keine Lust.«

»Wie, was? Niklas will nicht kicken?« Leon und die anderen Jungen kommen zu Max und Niklas gelaufen.

»Was ist los mir dir?«, fragt Florian.

### Dazugehören macht glücklich

Wir sind glücklich, wenn wir zu anderen dazugehören. Das kann deine Schulklasse, das kann deine Clique, deine Fußballmannschaft, deine Freundschaft mit deiner besten Freundin und natürlich kann es deine Familie sein. In der Gruppe, zu der du gehörst, hast du deinen festen Platz, an dem du dich wohlfühlst. Du weißt, dass dich die anderen willkommen heißen, du gebraucht und gemocht wirst. Man kann sich dann auch gegenseitig unterstützen und helfen.

»Ich hab's nicht auf's Gymnasium geschafft.«

»Blöd!«, bedauert Leon.

»Gemein!«, stimmt Florian zu.

»Ja, vor allem weil ich dann nicht mehr mit Max auf der gleichen Schule bin.«

»Dafür bist du aber beste Stürmer in Daisendorf, stimmt's?«, versucht Leon Niklas zu trösten.

Max nickt und lächelt Niklas aufmunternd zu.

»Außerdem spielen wir doch noch zusammen in der gleichen Fußballmannschaft«, sagt Max.

»Und dann werden wir Meister.« Niklas ballt die Faust.

»Und du schießt die meisten Tore!«, sagt Max. Das hört Niklas schon nicht mehr. Er schnappt sich den Ball und feuert ihn aufs Tor. Er trifft den linken Schulranzen, der mit einem Satz ins Gebüsch springt.

»Blödian!«, schreit David. »Mein armer Ranzen.« Alle lachen.

David arbeitet sich durch die Zweige und Dornen des Gebüschs. »He, jetzt helft mir gefälligst. Mein Ranzen ist in den Graben gefallen.«

Max, Niklas, Daniel, Leon und Florian schauen sich an. »Na klar, wir lassen dich doch nicht hängen.«

»Los, auf zur Schulranzenrettungsaktion!« Niklas klatscht in die Hände.

»Wir sind die Schulranzenfeuerwehr«, frozelt Florian und tut so, als würde er mit einem Feuerwehrschlauch ein Feuer löschen.

**Helfen tut gut**
Wenn man anderen Menschen hilft, macht das glücklich und zufrieden. Du kannst andere Kinder bei ihren Hausaufgaben unterstützen, du kannst andere trösten oder du kannst ihnen bei einem Problem helfen. Du wirst merken, dass es dann nicht nur dem anderen besser geht, sondern auch dir, weil du etwas Wichtiges getan hast. Darauf kannst du stolz sein.
Natürlich hilft man auch, weil man vielleicht einmal selbst Hilfe braucht. Dann bist du froh, wenn auch dir jemand beisteht.

Nach einer Weile kriechen die Jungen wieder aus dem Gebüsch.

Als Letzter wühlt sich David mit dem Ranzen in den Händen durch die Zweige.

»Stell deinen Ranzen wieder als Torpfosten auf.« Niklas balanciert den Ball vom rechten auf den linken Fuß.

»Von wegen. Jetzt ist dein Ranzen dran«, erwidert David.

»Super Idee. Vielleicht schießt jemand den Ranzen samt der blöden Arbeit so weit ins Gebüsch, dass wir ihn nie mehr finden werden.« Niklas kickt den Ball weg, holt seinen Ranzen und pfeffert ihn in das Gras, sodass wieder ein Fußballtor entsteht. Das Fußballspiel beginnt und Niklas schießt die meisten Tore.

»Mein zehntes Tor heute«, jubelt er und klatscht lachend in die Hände. Sein Gesicht ist rot und schweißnass.

»Super. Ich wusste doch, dass du der Beste bist.«

»Beim Fußball ja«, wehrt Niklas ab, »aber meine Note in Mathe reicht nicht für das Gymnasium.«

»Aber Frau Klein hat doch gesagt, dass das schon gut wird.«

Daniel und Leon unterbrechen Max und Niklas: »Es ist schon spät. Wir müssen gehen.«

»Ich muss auch gehen. Gebt mir meinen Ball«, ruft Florian. Er schnappt sich den Ball und rennt vom Platz.

»Was hast du eben gesagt?«, fragt Niklas. Alle anderen Jungs sind schon verschwunden.

»Dass es schon noch gut wird, hat Frau Klein gesagt.«

»Das habe ich nicht gehört.«

»Doch, ganz ehrlich.«

»Nein, das bildest du dir nur ein.« Niklas hebt langsam seinen Ranzen auf. »Du willst mich trösten, damit ich nicht so traurig bin.«

»Ich komm mit zu deinen Eltern, aber ich muss vorher noch bei mir zu Hause Bescheid geben.«

Max zieht seinen Schlüssel aus der Hosentasche und schließt die Haustür auf.

»Warum kommst du so spät?« Die Stimme von Herrn Goetze, dem Vater von Max, schallt durch das Haus.

»Wir haben Fußball gespielt.«

»So lange? Wie ist deine Klassenarbeit ausgefallen?«

»Eine Zwei plus!«

»Eine Eins wäre besser gewesen.«

»Ich weiß«, ruft Max zurück. Er verdreht die Augen. Niklas zieht den Kopf zwischen die Schultern ein.

»Das nächste Mal musst du dich einfach mehr anstrengen. Wer was werden will, muss früh anfangen.«

Max verdreht wieder die Augen.

»Dein Papa ist aber streng.« Niklas merkt gar nicht, dass er flüstert.

»Ich begleite Niklas noch nach Hause«, ruft Max seinem Vater zu.

»Na gut, aber komm nicht zu spät.« Die Stimme von Herrn Goetze klingt hart.

»Schnell, lass uns gehen«, drängelt Niklas.

> **Wirklich wichtig ist, dass du glücklich bist**
> Für viele Erwachsene sind ein tolles Auto, ein großes Haus und eine Menge Geld wichtig. Manchen ist es auch sehr wichtig, viel zu arbeiten und Erfolg im Beruf zu haben. Auch wenn solche Sachen sicher schön sind, glücklich machen sie noch nicht. Deshalb sind auch Noten nicht das Wichtigste. Viel wichtiger ist es, dass du in deinem Leben glücklich bist. Und glücklich wird man, wenn man sich am Leben freut. Für das Glück ist wichtig, dass man geliebt wird und jemand lieben kann, zum Beispiel deine Eltern und Großeltern, deine Geschwister und gute Freunde.

Niklas öffnet die Wohnungstür. Es riecht nach Kaffee.

»Hallo, Niklas«, begrüßt Frau Schütz ihren Sohn. »Schön, dass du Max mitbringst.« Niklas nickt und wirft den Schulranzen in den Flur.

»Wir haben mit dem Kaffeetrinken noch gewartet. Papa ist auch schon da.« Frau Schütz zeigt auf den Kuchen, der im Wohnzimmer auf dem Tisch steht.

»Endlich bist du da. Ich freu mich so auf den Kuchen.« Jana, Niklas' kleine Schwester, setzt sich an den Tisch. »Hallo, Max. Du hast bestimmt auch Hunger?«

»Natürlich. Wir haben den ganzen Nachmittag Fußball gespielt.«

»Hm«, stimmt Niklas zu.

»Und Niklas war der Beste. Er hat die meisten Tore geschossen.«

»Unser Niklas ist einfach ein toller Fußballer.« Herr Schütz kommt mit der Kaffeekanne ins Wohnzimmer.

»Ach was«, wehrt Niklas ab. Er lässt den Kopf in seine aufgestützten Arme fallen.

»Was ist los, Niklas? Du bist so schweigsam.« Frau Schütz gießt Apfelsaft in die Gläser der Kinder.

»Ich glaube, mit dem Gymnasium wird es nichts. Ich habe eine Vier bis Fünf in der Mathearbeit geschrieben.« Bedrückt sieht er seine Eltern an.

»Jetzt mach mal halblang. Du weißt doch, dass Noten nicht das Wichtigste sind«, beruhigt Herr Schütz Niklas.

»Das Wichtigste ist doch, dass wir dich gerne haben.« Frau Schütz legt den Arm um Niklas. Niklas drückt sich an seine Mutter.

»Und du weißt doch, dass wir dich lieben, mit guten oder schlechten Noten. Und jetzt iss erst mal einen Kuchen, dann sehen wir weiter.« Herr Schütz schiebt vorsichtig den Tortenheber unter ein großes Stück Erdbeerkuchen, balanciert den Kuchen zu Niklas' Teller und setzt ihn vorsichtig ab.

»Und außerdem«, schaltet sich nun Max ein, »hat doch Frau Klein gesagt, es wird alles gut. Hast du das schon wieder vergessen?« Niklas schüttelt ungläubig den Kopf.

**Kinder möchten geliebt werden – und Kinder wollen lieben**

Für Kinder ist ganz wichtig, dass sie geliebt werden und dass sie für die Eltern, die Großeltern und andere wichtig sind. Dann fühlen sie sich so richtig wohl und stark. Es ist schön, wenn dir jemand sagt, dass er dich mag und liebt. Genau so schön ist es, jemand anderen zu lieben. Wenn du an deine Eltern oder Großeltern denkst, dann spürst du, wie sehr du sie lieb hast und sie magst. Und es macht dich glücklich, wenn du deine Liebe zeigst.

»Ich habe das nicht gehört. Und außerdem reicht es einfach nicht, das kann doch jeder ausrechnen.«

»Niklas macht sich ganz verrückt. Können Sie nicht Frau Klein anrufen?«, wendet sich Max an Herrn Schütz.

»Das hatten wir uns sowieso vorgenommen, aber wir wollten das Ergebnis dieser Mathearbeit abwarten.«

»Niklas, Frau Klein weiß doch, dass du ein guter Schüler bist, aber nach dem Tod von Opa sind deine Noten schlechter geworden. Das ist doch ganz normal.« Frau Schütz streichelt Niklas über das Haar.

»Am besten ist, wir rufen sofort Frau Klein an«, entscheidet Herr Schütz.

»Wir machen eine Telefonkonferenz«, sagt Jana und bringt das Telefon.

Frau Schütz nimmt das Telefon. Sie lauscht in den Hörer. Die anderen sitzen still um den Tisch. Niklas dreht die Kuchengabel zwischen den Fingern und lässt sie dann klirrend auf den Boden fallen.

»Hier Schütz, guten Tag Frau Klein.« Frau Schütz nickt mit dem Kopf. »Die Mathearbeit von Niklas war leider nicht so gut. Jetzt macht er sich große Sorgen, dass er nicht aufs Gymnasium gehen kann.« Wieder nickt Frau Schütz, dann lächelt sie.

»Darf ich laut stellen?«, fragt sie, »dann können Sie es Niklas selbst sagen.«

»Niklas, du weißt doch, dass du ein guter Schüler bist. Und du wirst auch das Gymnasium schaffen, wenn es dir wieder besser geht«, tönt die Stimme von Frau Klein aus dem Telefonhörer. Niklas, der die Kuchengabel aufhebt, lauscht. Dann huscht ein zaghaftes Lächeln über sein Gesicht.

»Ja, seit dem Tod meines Vaters ist Niklas ganz durch den Wind. Er traut sich gar nichts mehr zu.« Frau Schütz beugt sich über den Telefonhörer.

»Ich habe gespürt, dass Niklas sehr traurig und unglücklich war. Er war im Unterricht einfach nicht bei der Sache«, sagt Frau Klein.

»Wir sind sehr erleichtert, dass Sie so viel Verständnis für Niklas haben. Er möchte doch so gerne weiterhin mit Max gemeinsam auf die Schule gehen.« Niklas und Max nicken übertrieben mit dem Kopf. Max streckt den Daumen nach oben und grinst über das ganze Gesicht.

»Die beiden sind dicke Freunde. Und Max wird Niklas unterstützen können, bis es Niklas wieder richtig gut geht.«

Max grinst und Herr Schütz reicht Max die Hand, drückt sie kräftig und flüstert: »Du bist ein toller Freund für Niklas.«

»Auf Wiederhören, Frau Klein, und ganz herzlichen Dank.« Frau Schütz legt das Telefon auf den Tisch. »Und jetzt lass dich erst mal drücken.« Sie zieht Niklas vom Stuhl hoch und nimmt ihn in die Arme. Sie drückt ihn fest an sich und Niklas schmiegt sich an seine Mutter.

»Warum hast du dir denn solche Sorgen gemacht? Du weißt doch, dass du zu jeder Zeit und mit allem zu uns kommen kannst. Was immer passiert, wir lieben dich. Du bist doch unser Sohn, unser Prinz.«

»Dann bin ich eine Prinzessin«, mischt sich nun Jana ein.

»Du bist tatsächlich eine Prinzessin, manchmal auch eine Prinzessin auf der Erbse«, lacht Herr Schütz. »Und jetzt feiern wir erst einmal.«

»Dass wir zusammenbleiben können!«, sagt Max, der bisher gar nichts gesagt hatte.

»Und dass es euch Kinder gibt.«

»Und Max mein bester Freund ist!«

»Wartet einen Augenblick, ich bin gleich wieder da.« Herr Schütz verschwindet, dann kommt er mit Streichhölzern und einer länglichen Schachtel zurück.

»Die sind noch von Weihnachten übrig.«

»Heute ist wie Weihnachten«, sagt Jana, »leider gibt es keine Geschenke.«

»Natürlich gibt es Geschenke«, erwidert Frau Schütz. Jana macht große Augen.

**Du bist eine Prinzessin, du bist ein Prinz**
Jedes Kind ist etwas ganz Einmaliges und Besonderes. Jedes Kind soll und darf glücklich sein, es darf stolz auf sich und mit sich zufrieden sein. Jedes Kind soll sich so fühlen, als wäre es eine Prinzessin oder ein Prinz mit einer Krone und den schönsten Kleidern. Am Ende von Märchen heißt es immer: »Und sie lebten glücklich und zufrieden.« Genau so sollen Kinder leben dürfen: glücklich und zufrieden.

»Es ist ein Geschenk, dass wir zusammen sind und dass wir es gut miteinander haben.«

»Zum Glück!«, lacht Herr Schütz. Er zündet die erste Wunderkerze an und gibt sie Max: »Für den besten Freund der Welt!« Das Gesicht von Max leuchtet im Licht der Funken sprühenden Wunderkerze.

»Die nächste ist für die schönste Prinzessin der Welt.« Die Wunderkerze flammt auf.

»Die dritte Wunderkerze ist für den besten Fußball spielenden Prinzen der Welt.« Niklas nimmt die Wunderkerze und hält sie an die Wunderkerze von Max. Die beiden Wunderkerzen berühren sich und ihre Glut verschmilzt zu einem kleinen Feuerball, der doppelt so hell leuchtet und doppelt so viele Funken versprüht.

 **WAS LIEBE MENSCHEN DIR SAGEN …**

Wenn Menschen, die dich gern haben – deine Eltern, deine Großeltern, Tanten und Onkel, Freunde deiner Familie oder deine Freunde –, dir etwas Liebes sagen möchten, dann könnten sie dir einen oder mehrere der folgenden Sätze sagen:

- Es ist ein großes Glück, dass du da bist!
- Schön, dass es dich gibt!
- Du bist immer willkommen bei uns!
- Ich mag dich einfach so, wie du bist!
- Ich liebe dich über alles!
- Du bist der tollste Junge, du bist das tollste Mädchen!
- Du darfst einfach nur du selbst sein!
- Was immer du willst oder brauchst – du kannst jederzeit zu mir kommen und mich fragen.
- Wenn etwas schiefläuft oder du etwas falsch machst – ich mag dich trotzdem!
- Auch wenn ich einmal ärgerlich oder wütend auf dich bin – ich mag dich trotzdem!
- Wenn wir uns streiten, dann werden wir uns wieder versöhnen und uns wieder gern haben.
- Wir werden immer zusammenhalten.
- Ich bin immer für dich da!
- Ich wünsche dir alles Glück der Erde!

Natürlich werden die Menschen, die dich gern haben, diese Sätze nicht immer sagen. Oft zeigen sie es dir, indem sie dir etwas schenken, dich einladen oder etwas Schönes mit dir unternehmen.

Aber wenn du diese Sätze hörst oder du sie dir laut vorliest, dann wirst du merken, wie gut sie dir tun.

 **WARUM FREUNDE WICHTIG SIND**

Für alle Kinder und natürlich auch für die Erwachsenen sind Freunde sehr wichtig. Wer Freunde hat, ist mit seinem Leben zufrieden. Mit Freunden kann man viele schöne Dinge erleben, die richtig glücklich machen. Und das Besondere daran ist, dass man sich gemeinsam noch mehr freuen kann als nur allein.

Überlege dir, was an einer Freundschaft schön ist. Ich gebe dir ein paar Ideen. Wenn du einen Freund oder eine Freundin hast,

- ✳ kannst du deine Sorgen loswerden
- ✳ könnt ihr zusammen spielen
- ✳ könnt ihr gemeinsam etwas malen oder bauen
- ✳ könnt ihr euch gegenseitig helfen
- ✳ könnt ihr zusammen übernachten
- ✳ könnt ihr miteinander streiten und euch wieder versöhnen

- könnt ihr aneinander denken
- weißt du, dass du gemocht wirst
- weißt du, dass du wichtig bist
- kannst du immer mit jemandem reden
- kannst du ihn anrufen und einfach so quatschen

… und nun kannst du selbst aufschreiben, was du an deiner Freundschaft schön findest.

# Freude schenkt großes Glück

 ## LENA UND NILS FREUEN SICH AUF DIE GROSSE ÜBERRASCHUNG

»Kinder, in einer Woche ist es so weit, dann habt ihr Geburtstag«, sagt Herr Wollek, der Vater von Nils und Lena.

»Und dann gibt es die große Überraschung.« Nils spricht ganz langsam und betont, dabei verdreht er die Augen und wiegt bedeutungsvoll seinen Kopf.

»Ich kann es kaum mehr erwarten«, sagt Lena und hüpft von einem Bein auf das andere.

»Ihr könntet uns doch ein bisschen von dem großen Geheimnis jetzt schon verraten«, quengelt Nils.

»Nein, Vorfreude ist doch die schönste Freude«, ruft Frau Wollek aus ihrem Arbeitszimmer.

»Blöde Vorfreude«, mault Nils. Er geht zum Kalender, der an der Küchentür hängt. Er zählt die Tage.

»Tatsächlich, noch sieben Tage«, murmelt er.

»Wir spannen euch so richtig auf die Folter.« Herr Wollek grinst übertrieben.

»Foltern ist verboten«, ruft Lena und zwickt ihren Vater in den Arm.

»Genau. Foltern ist verboten«, ruft Herr Wollek und lacht.

»Und ihr macht jetzt endlich eure Hausaufgaben.« Das ist wieder die Stimme von Frau Wollek.

Lena und Nils sind Zwillinge. Beide sind in der vierten Klasse in der Astrid-Lindgren-Schule. Lena und Nils verziehen sich in ihre Kinderzimmer.

**Vorfreude ist die schönste Freude**
Wenn bald dein Geburtstag oder Weihnachten bevorsteht, freust du dich schon vorher. Das ist die Zeit der Vorfreude. Du bist gespannt und aufgeregt. Und du wartest ungeduldig, bis es endlich so weit ist. Am liebsten wäre es dir, du würdest gleich jetzt deine Geschenke bekommen. Doch du kannst die Vorfreude auch richtig genießen und immer wieder an das Schöne denken.

Nach einer Weile kommt Lena zu Nils.

»Ich finde es blöd, so lange zu warten«, beginnt Lena und zupft sich an ihrem Ohrläppchen.

»Ich auch. Was Mama und Papa uns wohl Tolles schenken wollen?«

»Irgendwas, was nicht jeder hat, hat Mama gesagt.«

»Und irgendetwas, wovon alle etwas haben.«

»Ich kann unmöglich so lange warten. Wir müssen irgendwie schon vorher herausbekommen, was Mama und Papa vorhaben.«

»Stimmt, nur wie?«

»Wenn Papa und Mama morgen zum Einkaufen fahren, durchsuchen wir alles. Vielleicht finden wir das große Geschenk.«

»Wenn es so groß ist, dann ist es doch gar nicht im Haus.«

»Vielleicht bringt es ein großer LKW!?«
»Hier ist auch nichts.« Nils kommt unter dem Bett seiner Eltern hervor, eine Taschenlampe in der Hand. Er niest und wischt sich den Staub von der Nase.

»Ich finde auch nichts.« Lenas Stimme ist leise und undeutlich. Sie steckt zwischen den Kleidern ihrer Mutter, die aufgereiht an Kleiderbügeln im Schrank hängen. Nils sieht nur ihre beiden Fersen.

»Komm heraus«, ruft Nils und zieht die zappelnde Lena aus dem Kleiderschrank. Überall liegen die Kleider der Eltern auf dem Boden herum. Lena und Nils machen sich stöhnend daran, die Pullover, Hemden, Blusen und Röcke in den Schränken und Schubladen zu verstauen.

**Enttäuschungen sind ganz normal**
Wenn du dich auf etwas Schönes freust oder etwas Bestimmtes erhoffst und es dann nicht eintritt, bist du enttäuscht. Das ist dann schade. Manchmal bist du auch genervt und dir stinkt es gewaltig. Bei einer schweren Enttäuschung bist du manchmal auch richtig traurig. Du brauchst eine Weile, bis du die Enttäuschung überwunden hast und dich auf etwas anderes freuen kannst.

»Schön sieht das nicht aus«, seufzt Lena nach getaner Arbeit. »Mama und Papa merken das bestimmt.«

»Aber wir müssen weitersuchen. Lass uns im Keller weitermachen.«

Lena und Nils rennen in den Keller. Nach einer Weile kommen sie wieder nach oben und verziehen sich in Lenas Kinderzimmer.

»Nichts, da ist gar nichts.« Nils lässt den Kopf zwischen seine Schultern nach unten sinken.

»Nein. Wir kommen nie darauf, was das für eine Überraschung sein soll.« Lena hebt hilflos ihre Hände, steckt dann den kleinen Finger in den Mund und knabbert an ihm.

»Nur diese komischen Glasscheiben habe ich noch nie im Keller gesehen.«

»Ja, komisch.«

»Wie sieht es denn hier aus!« Ein entsetzter Schrei gellt durch das Haus. Frau Wollek fährt sich durch die Haare: »Unsere ganzen Kleider sind durcheinandergeworfen.«

»Was ist denn im Keller passiert? War hier ein Einbrecher?« Herr Wollek stürmt die Kellertreppe nach oben. »Mein ganzes Werkzeug ist durcheinander.«

Lena und Nils lugen vorsichtig aus dem Kinderzimmer von Lena. Sie schauen sich gegenseitig an und verdrehen die Augen.

»Lena, Nils, kommt bitte sofort herunter.« Die Eltern rufen diesen Satz wie im Chor.

»Wir wollten doch nur ...« Auch Lena und Nils sagen das wie mit einer Stimme.

»Ihr habt alles durchsucht, um rauszukriegen, welche Überraschung wir für euch haben«, klagt Herr Wollek.

»Ihr richtet so ein Durcheinander an, dabei wollen wir euch doch etwas Besonderes schenken.« Frau Wollek schüttelt den Kopf.

»Ich will euer Geschenk gar nicht mehr«, erwidert Nils bockig. Die beiden Kinder stehen im Wohnzimmer. Nils hat seine Fäuste in seine Hüften gestemmt, Lena knabbert wieder an ihrem kleinen Finger.

»Wenn es eine Überraschung sein soll, dann muss es doch bis zu eurem Geburtstag geheim bleiben!«, meint Frau Wollek besänftigend. »Wir wollen euch doch gerne etwas Besonderes schenken.«

»Vielleicht sollten wir doch etwas verraten?« Herr Wollek schaut seine Frau an. Die nickt.

»Au ja«, brüllen Nils und Lena.

»Aber nur ganz wenig. Bei dem Geschenk ist ein Pferdchen dabei.«

»Ein Pony?«

»Ein richtiges Pferd für uns?«

Herr Wollek wiegt nachdenklich seinen Kopf. »Wer weiß es? Liegt nicht auf dem Rücken der Pferde das Glück der Erde?«

»Das Glück der Erde?« Lena rümpft fragend die Nase.

»Ja, es muss herrlich sein, auf einem Pferd zu galoppieren«, überlegt Frau Wollek.

**Schenken macht Freude**

Wir schenken anderen Menschen etwas, weil wir sie gern haben. Und weil wir ihnen eine besondere Freude bereiten wollen. Deshalb überlegen wir genau, was für den anderen eine Überraschung sein könnte. Du suchst etwas Passendes aus oder du bastelst etwas und malst etwas Schönes. Schenken bereitet aber auch dem, der schenkt, Freude. Deshalb sind dann alle glücklich, wenn man sich gegenseitig beschenkt.

»So, und jetzt helft ihr uns, das Chaos, das ihr beim Suchen hinterlassen habt, wieder zu beseitigen.« Herr Wolleks Stimme klingt entschlossen. Alle helfen zusammen. Zuerst wird im Keller die Werkstatt des Vaters aufgeräumt, dann die Kleider im Schlafzimmer der Eltern.

»Puh, das war anstrengend.« Nils guckt Lena an.

»Ich habe fast die große Überraschung vergessen.«

»Aber jetzt müssen wir wieder warten. Und das finde ich immer noch doof.« Nils verdreht die Augen.

»Ich auch, aber ich habe eine Idee. Wir machen es mit Papa und Mama genau so, wie sie es mit uns machen.«

»Hm?« Auf Nils' Stirn legen sich Falten wie viele Fragezeichen.

»Wir spannen die Eltern auch auf die Folter.«

»Wirklich, eine tolle Idee. Aber wie?« Nils und Lena stecken ihre Köpfe zusammen. Sie reden und überlegen, bis ihre Stimmen ganz heiser sind.

»Na, gut erholt von den Aufräumarbeiten?« Die Stimme von Frau Wollek klingt wieder fröhlich.

»Und ihr? Seid ihr noch böse?« Nils grinst seine Mutter an.

»Nein, wie kommst du darauf? Wir freuen uns doch so auf euren zehnten Geburtstag. Der ist ja etwas ganz Besonderes.«

»Und etwas Besonderes ist auch die große …« Herr Wollek singt diesen Satz fast.

»Geburtstagüberraschung …«, ruft Lena.

»Die wir …«, Nils betont das Wort wir, »… euch machen wollen.«

»Ihr?«, fragt Frau Wollek überrascht.

»Uns?«, fügt Herr Wollek fragend hinzu.

»Genau. Wir. Euch«, antworten die Kinder im Chor.

»Und das ist etwas ganz Besonderes.«

»Etwas Supersuperbesonderes.«

»Das ist gemein«, lacht Herr Wollek.

»Und womit haben wir das verdient?« Frau Wollek schaut neugierig. »Wir haben doch nicht Geburtstag.«

»Aber ihr habt uns zehn Jahre lang großgezogen.«

»Und das als Zwillingspack.«

»Stimmt. Also haben wir es verdient.« Frau Wollek legt den Arm auf die Schulter ihres Mannes.

»Ihr seid doch schon das größte Geschenk. Da brauchen wir doch kein Extrageschenk.«

»Stimmt. Wir sind das beste Geschenk.«

»Und trotzdem wollen wir euch noch eine besondere Freude machen.«

»Und euch auf die Folter spannen!«

»Ah, jetzt weiß ich, warum ihr uns was schenken wollt!«, lacht Frau Wollek.

**Geteiltes Glück ist doppeltes Glück**
Es macht Riesenspaß, anderen eine Freude zu bereiten. Du siehst dann, wie der andere sich freut. Das tut dir gut und du kannst dich ganz einfach am Glück des anderen mitfreuen. Und so könnt ihr euer Glück teilen. Und weil sich nun beide freuen, gibt es ein zweifaches Glück, nämlich das Glück des Schenkenden und das Glück des Beschenkten. Deshalb sagt man auch: »Geteiltes Glück ist doppeltes Glück.«

»Sind Mama und Papa jetzt weg?«

»Ja, wir können loslegen.« Nils und Lena verschwinden im Keller. Beide haben alte Kleider angezogen.

»Puh, ganz schön anstrengend«, stöhnt Lena nach einer Weile.

»Aber es wird wunderschön.«

»Ja, schau, wie toll die Farbe hier im Licht leuchtet.«
»Wenn dann die Sonne scheint, wird es noch viel schöner. Aber da könntest du mit dem Pinsel noch ein bisschen Rot dazumalen.«

»Und du könntest den Rücken des Pferdes dunkler machen.«

Nils holt mit dem Pinsel in einem großen Schwung aus. Da klirrt es. Dann hört man Wasser auf den Boden platschen.

»Bist du wahnsinnig? Guck dir diese Schweinerei an.« Lena ist entsetzt.

Nils starrt auf den Boden. Braunes Farbenwasser rinnt in kleinen Bächen davon.

**Glück und Glas – wie leicht bricht das**
Wenn es dir gut geht und du glücklich bist, willst du bestimmt auch, dass das nicht so schnell aufhört. Aber manchmal passiert dann etwas und es ist schnell mit dem Glück vorbei. Unser Glück ist wie Glas sehr zerbrechlich und kann schnell kaputtgehen. Deshalb ist es gut, das Glück einfach zu genießen. Wenn das Glück aufhört, ist das zwar traurig, aber man weiß, dass man auch später wieder glücklich sein wird.

»Das wollte ich nicht.«

»Es war so schön. Und jetzt hast du alles verdorben. Mein Bild ist ganz verkleckert.«

»Nicht so schlimm. Ich helfe dir, es wieder zu reparieren.«

Nach einer Weile sagt Nils: »Schau doch. Ist es jetzt nicht noch schöner als vorher?«

»Dein Glück! Sonst wäre ich ziemlich sauer auf dich.«

»Gut, dass wir auf diesen Platten malen, da kann man die Sachen wegwischen und wieder draufmalen.«

»Aber jetzt sind wir fertig. Lass uns schnell aufräumen und die Bilder ein wenig in die dunkle Ecke schieben, damit Mama und Papa sie nicht sehen.«

»Bis morgen kommen die nicht in die Kellerecke hier. Die müssen doch unseren Geburtstag vorbereiten.«

»Bestimmt kaufen sie gerade die Sachen für das große Überraschungsgeschenk.«

»Bestimmt!«

»Viel Glück und viel Segen … «, singen die Eltern von Lena und Nils. Nils und Lena kommen aus ihren Kinderzimmern gestürmt.

»Endlich ist es so weit!!«, schreit Lena.

»Und was ist die Riesenüberraschung?«

»Und wo ist die Riesenüberraschung?«

»Ganz langsam. Jetzt lasst uns euch erst mal zum zehnten Geburtstag gratulieren.« Herr Wollek nimmt Nils in die Arme und drückt ihm einen dicken Kuss auf die Wange, Frau Wollek macht dasselbe mit Lena und danach wechseln die Eltern die Kinder.

»Wir freuen uns so sehr, dass es euch gibt«, ruft Frau Wollek.

»Und wir freuen uns unendlich, dass wir euch und uns haben«, ruft Herr Wollek und wirbelt Lena im Kreis herum.

»Und überhaupt ist es ein großes Glück, dass wir uns so freuen können.«

»Wir freuen uns auch, aber … «, wagt Nils zu sagen.

»Ihr wollt endlich euer Überraschungsgeschenk?«

»Ja!«

»Wir öffnen jetzt die Wohnzimmertür und dann werdet ihr staunen.«

»Fast wie an Weihnachten«, flüstert Lena aufgeregt.

 **Sich einfach freuen!**
Kinder können vieles besser als die Erwachsenen. Eines der wichtigsten Dinge ist, dass sie sich riesig und ausgelassen freuen können. Die Freude ist wie ein großes Hüpfen, wie ein lautes Jubeln und wie ein fröhliches Lachen. Das ist dann Freude und Glück pur.

»Tatatataaa«, singt Frau Wollek.

Nils und Lena wollen ins Wohnzimmer rennen, aber bleiben dann mit offenen Mündern auf der Türschwelle stehen.

Im ganzen Wohnzimmer sind große Gläser, gläserne Vasen, runde Glaskugeln und zwei kleine Glaskästen verteilt. In der Sonne funkelt das Wasser in den Gläsern. In jedem Gefäß bewegt sich etwas oder leuchtet den Kindern farbig entgegen.

»Ohh«, stößt Nils hervor.

»Ahh«, macht Lena und stottert: » … und wo ist das Pferdchen?«

»Kommt, wir zeigen euch, was in den Gläsern ist.«

Die Kinder bewegen sich vorsichtig und langsam auf die Gefäße zu.

»Hier ist ein kleiner Feuerfisch.«

»Und hier seht ihr zwei Gundeln.«

»Und hier schwimmen Riffbarsche und ein Mirakelbarsch.«

Die Kinder reißen ihre Augen auf. Bei jedem Glasgefäß, das sie aus der Nähe betrachten, stoßen sie wieder ein »Aah« oder »Ooh« aus.

»Und hier«, sagt Frau Wollek mit ausgebreiteten Händen, »hier seht ihr zwei Pferdchen.« Sie zeigt auf die im Wasser schwebenden Wesen, die wie zwei aufrechte Fragezeichen aussehen.

»Seepferdchen!«

»Genau, wie versprochen.«

»Das ist aber schön«, flüstert Lena.

»So viele Meerestiere und die gehören jetzt alle uns?«, sagt Nils leise.

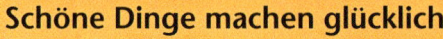

**Schöne Dinge machen glücklich**
Wenn du ein schönes Tier oder eine schöne Blume siehst, dann bist du ganz begeistert. Du bist hingerissen und musst immer wieder genau hinschauen. Wenn du dich über das Schöne freust, bist du ganz von ihm erfüllt. Und das macht dich glücklich. Deshalb ist es gut, immer auf Schönes zu achten.

»Ja, die gehören alle uns. Ihr habt euch doch so sehr Fische gewünscht.«

»Aber, ich meine, bleiben die Gefäße jetzt immer hier im Wohnzimmer?«, fragt Lena.

»Da muss es doch ein Aquarium geben«, vermutet Nils.

»Und das ist die nächste große Überraschung. Papa wird in den nächsten Tagen mit euch ein großes, großes Aquarium bauen.«

»Ich habe schon die großen Glasscheiben gekauft und den dazugehörigen Bausatz für das Aquarium.«

Nils und Lena schauen sich entsetzt an.

»Glasscheiben?«, stöhnt Lena.

»Warum? Was ist los?«, wundert sich Herr Wollek.

»Ach nichts!« Nils hat sich wieder gefasst. »Jetzt kommt die Riesenüberraschung für euch!«

»Papa, hol doch mal die Glasscheiben fürs Aquarium.«

Lena kann wieder grinsen. »Aber sei vorsichtig, damit nichts kaputt geht.«

Jetzt schauen sich die beiden Eltern von Nils und Lena verdutzt und fragend an. Herr Wollek springt auf und eilt in den Keller.

»Das ist ja Wahnsinn«, hört man es aus dem Keller rufen. Dann kommt Herr Wollek vorsichtig, ein wenig keuchend ins Wohnzimmer. In den Händen hält er eine große Glasscheibe.

»Eine Glasscheibe für unser neues Aquarium.«

»Und die ist bemalt«, ruft Frau Wollek. »Wunderschön, wie das Bild hier in der Sonne leuchtet. Ein richtiges Glasbild, wie ein Kirchenfenster.«

Nils und Lena schauen sich stolz an.

»Drei Pferde, die über Dünen galoppieren.«

»Ja, Nils und ich wollten euch auch Pferde zur Überraschung schenken.«

»Ich bin so überwältigt.« Frau Wollek wischt sich Freudentränen aus den Augen.

»Ich auch«, ruft Herr Wollek beglückt. »Wie toll ihr das gemacht habt. Aber jetzt hole ich die nächsten Scheiben, die sind bestimmt auch bemalt, oder?«

»Klar, auch mit Pferden, was denn sonst.« Lena grinst.

Und bald stehen die bemalten Glasscheiben im Wohnzimmer und dazwischen die Glasgefäße mit den Fischen, Korallen und Seepferdchen. Immer wieder ruft Frau Wollek aus: »Ist das nicht wunderschön!«

 **WORÜBER HAST DU DICH HEUTE GEFREUT?**

Wenn du abends ins Bett gehst, kannst du mit deiner Mutter oder deinem Vater überlegen, was für dich an diesem Tag schön war und was dir besonders viel Freude gemacht hat.
Wenn du einmal nicht einschlafen kannst oder dir langweilig ist, kannst du selber auch allein darüber nachdenken.

Am besten überlegst du dir, was beim Aufstehen, dann beim Frühstücken, dann auf dem Schulweg, in der ersten Schulstunde, dann in der Pause und so weiter schön war. Und so kannst du in Gedanken den ganzen Tag durchwandern. Ich bin mir sicher, dass du viele schöne Dinge findest, zum Beispiel:

* warst du beim Aufwachen ganz frisch und neugierig auf den Tag
* hat dir beim Frühstücken dein Müsli oder dein Marmeladenbrot gut geschmeckt
* hat dich dein Vater oder deine Mutter mit einem Kuss verabschiedet
* hast du auf dem Schulweg deinen Freund oder deine Freundin getroffen
* hat dich deine Lehrerin oder dein Lehrer in der ersten Stunde freundlich begrüßt

- ✸ hast du in der ersten Schulstunde etwas als Einziger gut gewusst
- ✸ habt ihr in der großen Pause zusammen gespielt
- ✸ hast du dich gefreut, als die Schule vorbei war
- ✸ hast du dich mit riesigem Appetit an den Mittagstisch gesetzt
- ✸ hast du deine Hausaufgaben geschafft
- ✸ hast du dich mit deiner Freundin oder deinem Freund getroffen
- ✸ hast du mit ihr oder ihm etwas Tolles gespielt

Und nun kannst du die Liste für dich weiterführen oder eine ganz eigene Liste machen. Wenn du sie dann noch einmal durchliest, wirst du überrascht sein, wie schön dieser Tag war.

 **WIE DU EIN GLÜCKSPILZ WIRST**

Es gibt Menschen, die haben oft Glück. Dann fühlen sie sich glücklich. Solch einen Menschen nennen wir einen Glückspilz. Ich wünsche dir, dass du auch solch ein glücklicher Mensch bist. Du hast jetzt schon gelernt, dass man das Glück nicht einfach selbst machen kann. Aber du kannst lernen, auf das Glück zu achten. Deshalb will ich dir ein paar Ideen geben, wie du ein Glückspilz werden kannst.

Ein Glückspilz wirst du, wenn:

- du dich an vielen kleinen Dingen freust
- du deine Freude zeigst
- du lachst, wenn du lachen willst
- du gerne Witze hörst oder erzählst
- du lustige Bücher liest oder Fernsehsendungen anschaust
- du anderen gerne eine Freude machst
- du neugierig bist und dich für viele Dinge interessierst
- du bereit bist, etwas Neues zu lernen
- du gerne malst, bastelst, etwas baust oder erfindest
- du gerne mit anderen Kindern oder Tieren zusammen bist
- du dich nicht gleich entmutigen lässt, sondern weitermachst

* du weißt, dass nach einem Regen auch wieder die Sonne scheint

… und nun überlege selbst, was dir noch helfen könnte, ein Glückspilz zu werden.

Aber denk auch daran: Manchmal hast du einfach Pech, weil auch Pech zum Leben gehört. Manchmal bist du auch zu Recht unglücklich und dann ist auch das in Ordnung.

# Etwas Neues entdecken ist aufregend

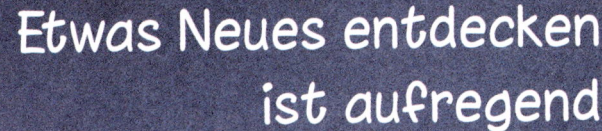

 ## SARA UND AKIN FLIEGEN INS WELTALL

»Schön, dass du heute auch mal zu uns kommst.« Frau Kaspar, die Mutter von Sara, öffnet die Haustür.

Akin nickt stumm. Sara rennt ihr entgegen.

»Ja, toll. Endlich hat deine Mutter erlaubt, dass du mich besuchst.«

»Nur, deshalb weil ich heute meiner Mutter nicht helfen muss.«

»Puh, ihr türkischen Kinder müsst viel mehr zu Hause mitarbeiten als wir.«

»Was musst du denn zu Hause für deine Mama machen?«, erkundigt sich Frau Kaspar. Akin zuckt mit den Achseln. »Ganz viel«, stößt sie dann knapp hervor.

»Dann ist es umso schöner, dass du heute bei uns sein darfst.« Frau Kaspar lächelt Akin freundlich an. »Jetzt könnt ihr beiden ja was Schönes spielen.«

Akin nickt und schaut sich in der großen Küche um. Frau Kaspar zieht sich einen ehemals weißen, nun von vielen bunten Farbklecksen übersäten Kittel an und verschwindet.

»Was machen wir jetzt?«, fragt Sara?

»Hören wir Musik oder machen wir gar nichts?«

»Ich weiß nicht so recht.« Akin setzt sich auf einen Stuhl und legt ihre Hände in den Schoß.

»Du darfst bestimmen.«

»Ich weiß nicht, was dir gefällt.«

»Dann langweilen wir uns ein wenig.«

Sara überlegt, Akin spielt mit den Fingern beider Hände.

»Wo ist deine Mama hingegangen?«

»Die geht in die Werkstatt. Papa hat ein Malergeschäft und Mama hat da ein eigenes Atelier.«

»Atelier?«

»Meine Mama malt die Kulissen für das Theater .«

»Meine Mama geht nicht arbeiten. Mein Papa möchte das nicht.«

»Und du – willst du später arbeiten?«

»Klar, ich will Ärztin werden. Deshalb strenge ich mich in der Schule so an.« Akin schaut neugierig zu der Tür, hinter der Frau Kaspar verschwunden war.

**Wenn dir langweilig ist**
Manchmal fällt dir einfach nicht ein, was du tun könntest. Nichts Aufregendes passiert. Und du weißt nichts mit dir anzufangen. Dann ist dir langweilig. Es ist gut, das einmal auszuhalten und nicht gleich an den Computer oder zum Fernseher zu rennen. Gerade wenn es dir langweilig ist, fallen dir nach einer Weile die besten Sachen ein. Und dann hast du richtig Lust, etwas zu machen oder etwas Neues auszuprobieren. Nach der Langeweile wird das dann besonders schön.

»Da drin sieht es aber komisch aus. Was ist denn da?«
Akin drückt ihre Nase an dem Glas der Tür platt.

»Das ist das Lager, in dem meine Eltern ihre ganzen Sachen aufbewahren.«

»Cool! Dürfen wir da rein?«

»Meine Eltern mögen das eigentlich nicht so gern, aber vielleicht finden wir da ja etwas zum Spielen.«

»Ganz bestimmt«, sagt Akin aufgeregt.

Sara öffnet die Tür und die beiden Mädchen schlüpfen schnell in den anderen Raum. Nur eine Glühbirne erleuchtet das Lager. Es ist fast ganz dunkel. Große Lein-

wände und Plakate werfen Schatten an die Wand. Lange Bretter und Holzstangen stehen wie die Stämme eines finsteren Waldes da. Große Kisten und leere Kartons stapeln sich zu einem Gebirge.

»Pass auf, dass du dich nicht stößt.«

»Puh, das ist ja aufregend hier.« Akin flüstert.

»Schau mal hier.«

»Das ist ja ein …« Akin zuckt zusammen.

»Genau, das ist ein Schlossgespenst. Das hat meine Mutter für das Stück ›Das kleine Gespenst‹ gemalt.«

»Und hier?«

»Das Versteck für Gangster. Ich glaube, das hat meine Mama für einen Krimi am Theater gemacht.«

»Wow, richtig spannend hier.«

»Finde ich auch, aber was spielen wir jetzt?«

### Spannend wie ein Krimi

Wenn du etwas Neues oder Unheimliches erlebst, bist du aufgeregt. Wir haben ein bisschen Angst und zugleich sind wir neugierig. Das ist sehr spannend. Wenn sich das Rätsel auflöst oder eine spannende Geschichte gut ausgeht, sind wir erleichtert und froh. Es macht glücklich, immer wieder etwas Neues und Spannendes zu erleben. Deshalb liest du vielleicht auch gerne spannende Abenteuergeschichten.

»Können wir nicht noch ein bisschen hier herumstöbern? Dürfen wir das?«

»Eigentlich nicht, aber ich hole eine Taschenlampe. Einverstanden?« Akin bejaht mit einem heftigen Kopfschütteln und offenem Mund.

»Leuchte mal hierhin!« Akin zeigt auf einen großen Karton. Kaum fällt der Lichtstrahl der Taschenlampe in das Innere des Kartons, ist Akin schon hineingekrochen.

»Wie in einem großen Auto«, ruft sie.

»Oder wie in einem Raumschiff«, ergänzt Sara.

»Das ist eine tolle Idee. Wir machen eine Weltraumfahrt, du und ich.« Akins Stimme klingt ganz begeistert.

»Aber dann müssen wir unser Raumschiff erst noch richtig bauen. Warte ich hole Schere, Kleister und Farbtöpfe von meiner Mutter.«

Nach einer Weile hört man aus dem großen Karton, wie die beiden Mädchen heftig arbeiten.

»Hier kleben wir eine viereckige Schachtel hin und malen die Armaturen auf.«

»Und da kommt die runde Pappröhre hin. Sie ist der Schaltknüppel.« Akin klettert in den Karton, um den Knüppel zu befestigen.

»Da schneide ich ein Fenster rein, damit wir dann auch den Mars und den Jupiter sehen können.«

»Ich male das Cockpit unseres Raumschiffes ganz silbern an.«

»Außen müssen wir noch zwei Düsen machen, damit unser Raumschiff überhaupt fliegen kann.«

»Dafür nehmen wir diese beiden großen Pappröhren.« Sara reicht Akin die Röhren.

»Ich male große gelbe und rote Flammen, die dann beim Start aus den Düsen schlagen.«

»Pass auf, dass du dich dabei nicht verbrennst«, lacht Sara.

»Pass du auf, dass du nicht in die Farbeimer trittst«, erwidert Akin und gibt ihr einen Schubs.

 **Warum Malen und Basteln zufrieden machen**

Wenn du etwas malst oder bastelst, bist du ganz bei der Sache. Du strengst dich an. Dabei entsteht etwas Neues, das es davor so noch nicht gegeben hat. Du hast allein etwas ganz Neues geschaffen und hergestellt.

Das ist sehr befriedigend und du kannst richtig stolz auf dein Meisterwerk und auf dich selbst sein. Dabei bist du ganz glücklich. Wenn du immer wieder eigene und neue Dinge machst, geht es dir richtig gut. So kannst du etwas dafür tun, dass du zufrieden und glücklich bist.

---

Sara taumelt ein wenig, aber kann sich gerade noch auffangen. Sie kichert. »Guck mal, Akin, so werden wir dann auf dem Mond herumtaumeln.«

»Komm, wir fliegen los. Ich bin die Kapitänin.«

»Und ich bin eine Weltraumforscherin.«

»Aber wohin fliegen wir zuerst?«

»Ich glaube, dass wir erst durch den Himmel fliegen müssen.«

»Durch den Himmel. Meinst du etwa da, wo Gott wohnt?«

»Nein, natürlich nicht. Wir müssen die Atmosphäre durchstoßen.« Sara überlegt. »Ich hab eine Idee. Wir gehen an den Computer von Papa und schauen da nach, dann erst fliegen wir los.«

»Aber wir bleiben nicht lange am Computer, wo wir jetzt so ein schönes Raumschiff haben.«

»Nein, es ist doch viel schöner mit einem richtigen Raumschiff zu fliegen, als das am Computer zu machen«, antwortet Sara.

Sara und Akin sitzen am Schreibtisch im Büro von Saras Eltern. Der Computer fährt hoch. Der Bildschirm wird bunt.

»Wie geht das jetzt?«, fragt Akin.

»Wir müssen mit dem Mauspfeil hier auf das blaue E, dann kommen wir ins Internet. Mein Papa macht das manchmal mit mir«, antwortet Sara.

Es erscheint eine Seite mit der Überschrift »Windows Internet Explorer«.

»Jetzt müssen wir nur noch Google anklicken, aber ich finde es gar nicht.«

»Schau, hier ist ein G und hier steht es auch.« Akin zeigt auf den Bildschirm.

»Super. Ich tippe mal ›Raumschiff‹ ein.« Sara gibt das Wort ein und klickt dann auf ›Los geht's‹. Sofort erscheint eine Liste. Sara klickt das Wort ›Raumschiff – Wikipedia‹ an. Eine Seite taucht auf. Links oben ist eine Erdkugel aus Puzzleteilen zu sehen. Darunter steht ›Wikipedia‹ und daneben ›Raumschiff‹. Akin und Sara bewegen die Köpfe näher an den Bildschirm.

»Als Raumschiffe werden Fahrzeuge bezeichnet, die zur Fortbewegung im Weltraum geschaffen wurden«, liest Akin vor.

»Genau wie unser Raumschiff«, stimmt Sara zu. Die beiden lesen die Seite. Ihre Köpfe sind schon ganz rot.

»Klicke hier auf ›Raumfahrt‹«. Akin zeigt am unteren Ende auf dieses Wort. Wieder taucht eine Seite auf dem Bildschirm auf. »Schau, hier sieht man den Start eines Raumschiffes.«

»So viel Feuer und Qualm darf es bei unserem Start aber nicht geben«, gibt Sara zu Bedenken, »sonst brennt das Lager meiner Eltern ab.«

»Was ist das? Ein Affe in einem Kindersitz?«

»Hier steht, dass er in den Weltraum gefahren ist.«

»Und hier steht, dass die Hündin Laika als erstes Lebewesen im Weltraum war. Hast du das gewusst?« Akin schüttelt den Kopf.

»Ist das nicht toll, was man hier alles findet? Es macht richtig Spaß, neue Sachen zu lernen.«

»Ja, aber das reicht jetzt. Lass uns zu unserem Raumschiff gehen«, drängelt Akin.

»Du hast ja recht. Aber da fällt mir ein, dass unser Raumschiff nicht einmal einen Namen hat.« Sara fasst sich an die Stirn und überlegt.

»Stimmt. Nennen wir es Enterprise oder Apollo?«

»Nein, lass uns einen eigenen Namen erfinden.«

»Wir nennen es ›Akinsara‹ oder ›Sarakin‹«, schlägt Akin vor.

»Ich finde ›Akinsara‹ schöner.«

»Einverstanden: ›Akinsara, das Erste‹!«

### Neues lernen macht Spaß

Wir Menschen sind neugierig. Wir wollen immer wieder etwas entdecken und erfahren, was wir noch nicht kennen. Deshalb gehen wir zum Beispiel in ein Museum oder erforschen eine Höhle. Wenn wir dann etwas Neues finden, sind wir überrascht und plötzlich ganz wach. Wir staunen über das Entdeckte.

Unser Gehirn nimmt alles auf und verarbeitet es. Nun wissen wir mehr und mit dem neuen Wissen werden wir klüger. Vielleicht kann man das neue Wissen auch gut gebrauchen. Wenn Forscher zum Beispiel einen neuen Stoff entdecken, können sie daraus vielleicht später ein Medikament machen.

»Nun lass uns endlich losfliegen. Alle Luken dicht?«, ruft Sara laut.

Akin schaut sich um und nickt.

»Four, three, two, zerooo«, schreit Akin und zieht wie wild am Gashebel. Augenblicklich hat sie ihn in der Hand. Der Ruck reißt sie nach hinten. Sie kippt von ihrem Pappkartonhocker und landet auf dem Boden.

»Fehlstart!« Sara lacht und zieht Akin wieder nach oben.

»Also, alles noch einmal von vorne.« Nun zieht Akin vorsichtig den Gashebel nach oben.

Diesmal funktioniert der Start. »Hurra! Ich sehe, wie das Feuer und der Qualm aus unseren Düsen sprühen.«

»Ja, wir heben ab. Spürst du, wie wir nach oben gehen.« Sara klatscht in die Hände.

»Ja, immer schneller und schneller. Unter uns sehe ich nur noch Frankfurt. Unser Stadtteil Sachsenhausen ist schon verschwunden.« Akin schaut über ihre Schulter durch das Fenster des Raumschiffes nach unten.

»Jetzt sehen wir schon fast ganz Deutschland. Schau, auf der linken Seite von Deutschland fließt der Rhein.«

»Und dort liegt Hamburg.« Akin zeigt auf einen dunklen großen Fleck in der unter dem Raumschiff kleiner werdenden Landkarte.

»Ich glaube, links davon ist die Nordsee und rechts die Ostsee.« Saras Stimme klingt unsicher.

»Nun schau auf meiner Seite. Ich sehe hier die Türkei.«

»Woher weißt du das?«, fragt Sara und beugt sich zu Akin hinüber, um durch deren Luke nach unten zu schauen.

»Oben ist das Schwarze Meer und unten ist das Mittelmeer.«

»Und wo kommen deine Eltern her?«

»Aus Ankara. Das ist die Hauptstadt der Türkei. Da vorne siehst du Istanbul, das ist die größte Stadt der Türkei.«

»Schau doch mal, Deutschland und die Türkei liegen nicht so weit auseinander.«

»Wir gehören auch zu Europa, hat mein Papa gesagt«, erklärt Akin.

»Ah, verstehe, dann sind wir auf einem Kontinent«, erwidert Sara.

»Und irgendwie gehören wir deshalb zusammen.«
Akin lächelt Sara an. Sara nickt und bewegt den Steuerknüppel.

»So, bald durchstoßen wir die Atmosphäre und wenn du noch mehr Gas gibst, sehen wir die ganze Erdkugel.«

»Ich sehe die Erde schon unter uns.«

»Eine blaue Kugel.«

»Das sind die vielen Meere auf der Erde, glaube ich.«

»Aha, verstehe«, sagt diesmal Akin.

»Achtung!«, schreit Sara und wirft sich von ihrem Pilotensitz. Sie lässt den Steuerknüppel los.

### Wenn der Groschen fällt – ein aufregendes Erlebnis

Kinder haben sehr viele Fragen. Sie wollen alles verstehen. Deshalb willst auch du wissen, warum manche Sachen so sind, wie sie sind, und warum sie so funktionieren, wie sie funktionieren. Weil die Dinge, die Tiere und die Menschen kompliziert sind, ist es nicht so einfach, sie zu verstehen. Wir brauchen jemand, der uns alles erklärt.

Aber wenn du es dann begreifst, macht es in deinem Gehirn »Klick«. Man sagt auch: »Bei dir fällt der Groschen.« Du reagierst dann vielleicht so: »Aha, so ist das.« Das ist ein Aha-Erlebnis, das uns freut und glücklich macht.

»Wir stoßen mit einem Meteoriten zusammen.«

»Kein Problem!« Akin greift nach dem Steuerknüppel und reißt ihn herum. Sara rappelt sich auf.

»Puh, das war knapp.« Sie schaut dem Meteor, einem riesigen dunklen Felsbrocken, hinterher. Sara klopft Akin auf die Schulter und sagt: »Das hast du super gemacht. Ein Zusammenstoß wäre schlimm gewesen.«

»Ja, dabei wären wir abgestürzt.«

»Huch, was ist das da vorne. Auch ein Meteor?«

»Nein, das ist doch der Mond.«

»Stimmt, der Mond. Wollen wir auf ihm landen?«

»Natürlich. Wir fliegen direkt auf ihn zu.« Akin bewegt den Gashebel zurück und tritt auf die Bremse.

»Wir müssen den Fallschirm entfalten, damit unser Raumschiff langsam auf die Mondoberfläche schwebt.«

»Wird gemacht!«, sagt Akin und drückt auf einen gelben Knopf auf dem Armaturenbrett.

»Ich ziehe schon mal unseren Raumanzug an.« Sara schlüpft in einen großen Maleranzug ihres Vaters und setzt einen Karton auf, in dem Schlitze für die Augen angebracht sind. Dann übernimmt Sara den Gashebel und die Bremse, während Akin in ihren Raumanzug schlüpft.

»Gleich landen wir.« Akin streicht sich ihre Haare aus dem Gesicht. »War eine harte Arbeit, die Landung.«

Sara nickt, öffnet das Raumschiff und springt vorsichtig auf die Mondoberfläche. Sie hüpft und bewegt ihre Arme wie die Flügel eines kleinen Vogels, der versucht, loszufliegen.

»Hui, hier auf dem Mond ist alles so leicht und ich kann richtig hoch hüpfen.« Sara lacht, geht in die Knie und springt nach oben.

»Was ist denn hier los?« Die Tür hat sich geöffnet. »Sind hier zwei Mondkälber unterwegs?« Das ist die Stimme von Saras Mutter. Als sie die beiden Mädchen in den viel zu großen Maleranzügen sieht, beginnt sie zu lachen.

»Mama«, schreit Sara entsetzt. »Wir sind hier auf dem Mond!«

»Ihr seid auf dem Mond?«

»Ja, schau! Mit unserem Raumschiff sind wir auf dem Mond gelandet.«

»Jetzt sehe ich es. Ihr spielt also Raumfahren.«

> **In der Fantasie ist alles möglich**
> Kinder haben viel Fantasie. Sie können sich alles vorstellen. Manchmal träumen sie mit offenen Augen von schönen Erlebnissen oder sie denken sich schöne Geschichten aus. Vielleicht träumst auch du davon, wie du einmal Ärztin oder Pilot sein wirst. In der Fantasie sind wir dann meist auch ganz glücklich. Deshalb ist es schön, immer wieder in die Fantasiewelt zu gehen. Leider muss man aber auch wieder zurück in unsere Welt hier. Fast immer bringt man von der Fantasiereise neue und aufregende Gedanken mit.

»Nein, Mama, das ist ganz echt und nicht nur Fantasie.«

»Ja, ganz echt«, fügt Akin schüchtern hinzu.

Frau Kaspar lacht: »Und ich habe jetzt echt Lust auf Kaffee und Kuchen. Kommt ihr mit zum Kaffeetrinken?«

Akin schaut Sara an und Sara schaut Akin an.

»Au ja«, rufen beide gleichzeitig.

 **WAS DICH NEUGIERIG MACHEN KÖNNTE**

Wenn du neugierig bist und du dich für viele Dinge interessierst, wirst du immer wieder etwas Neues und Aufregendes finden. Dann wird dein Leben spannend und schön. Wenn du so offen bist, wirst du natürlich immer wieder das Glück finden. Und umgekehrt: Dann wird auch das Glück dich finden.
Deshalb möchte ich dich neugierig auf das Leben machen und dir ein paar Neugier-Fragen stellen.

Weißt du schon,
- wie du entstanden bist?
- warum Astronauten auf dem Mond ganz leicht so hoch hüpfen können?
- warum die Sonne scheint?
- warum du ein Herz hast, das dauernd klopft?

Hast du schon
- durch ein Mikroskop geschaut?
- eine Sternwarte oder ein Planetarium besucht?
- schon eine Sternschnuppe am Nachthimmel gesehen?
- schon nach dem Großen Wagen gesucht?
- nachts eine Waldwanderung gemacht?
- Pflanzensamen gesät und gesehen, wie dann deine Pflanze wächst?

- in den Spiegel geschaut und die Farbe deiner Auge genau betrachtet?
- einen Schneemann gebaut?
- eine Sonnen- oder Mondfinsternis miterlebt?

Bist du schon
- auf einem Pony oder Pferd geritten?
- im Meer geschwommen?
- im Gebirge gewandert?
- auf einen Baum ganz nach oben geklettert?
- bist du schon geflogen?

Und jetzt schreibe auf, was du noch wissen oder machen willst.

 **WIE LERNEN SPASS MACHT**

Natürlich ist Lernen oft anstrengend. Doch du kannst erreichen, dass dir das Lernen mehr Spaß macht und du Lust bekommst, immer mehr zu lernen.

Bevor du anfängst etwas zu lernen, kannst du dir überlegen:

- Was könnte mich daran interessieren?
- Wofür könnte ich das, was ich lerne, einmal gebrauchen?
- Wie wird es dir gehen, wenn du es dann tatsächlich kannst?
- Überlege dir, womit du dich belohnen willst, wenn du gut gelernt hast.

Wenn du keine Antwort auf diese Fragen hast, ist das nicht schlimm. Am Besten ist es dann, einfach einmal anzufangen.

Wenn du lernst, dann helfen die folgenden Ideen:

- Am besten ist es, du probierst es einfach mal aus. Du wirst merken, meist geht es einfacher, als du denkst.
- Stelle dir vor, es gibt für dich einen Helfer. Das kann ein Zauberer sein, das kann ein Tier sein, oder das

kann eine Comicfigur sein. Wähle dir eine passende Helferfigur aus und setze sie in Gedanken neben dich.
- Konzentriere dich und sage dir: »Ich will mich jetzt nicht ablenken lassen. Ich will jetzt nur ein Ding tun, nämlich lernen. Das nehme ich mir ganz fest vor.« Je konzentrierter du lernst, desto besser klappt es und desto früher bist du fertig.
- Lerne immer nur kleine Häppchen und kleine Stücke. Mache eine kleine Pause und prüfe nach, ob du alles verstanden hast und ob du das Gelernte auch in deinem Kopf behalten kannst.
- Wenn du dann einen kleinen Teil gelernt hast, kannst du dir sagen: »Super, das habe ich gelernt. Jetzt geht es weiter.«
- Wenn es schwierig wird, dann mache es langsam und sage dir: »Manchmal ist es leicht, manchmal schwierig und jetzt ist es ein bisschen schwierig. Das bekomme ich schon hin.«
- Höre immer wieder auf deinen Helfer. Der gibt dir Mut und sagt: »Du schaffst das!«, »Weiter so, so wird es gut.« oder »Jetzt noch ein bisschen lernen, dann hast du es bald geschafft.«
- Wenn du selbst oder dein Helfer nicht weiterkommen, dann frag jemand um Rat.
- Manchmal hilft es, die wichtigsten Dinge, auf eine Karteikarte zu schreiben. Die kannst du kurz vor der Schule oder Klassenarbeit noch einmal anschauen (Aber nicht als Spickzettel verwenden!).

* Wenn du ganz mit dem Lernen durch bist, dann schaue dir alles noch einmal an. Überfliege es noch einmal und sage dir: »Toll, so viel habe ich jetzt gelernt!«

Und wenn du es geschafft hast, kannst du:

* laut »Geschafft« oder »Hurra« schreien.
* dir auf die Schulter klopfen und dir sagen: »Gut gemacht«.
* etwas Schönes tun, um dich selbst zu belohnen.

## PASCAL UND NADJA BESIEGEN EINEN RIESEN

»Hoffentlich schaffen wir das auch.« In der Stimme von Nadja schwingt Zweifel mit.

»Na klar«, erwidert Pascal und reckt den Zeige- und Mittelfinger wie ein großes V in die Höhe.

»Bevor du große Worte machst, schau erst mal, ob du auch alles in deinen Rucksack gepackt hast.« Frau Gebhardt schaut auf einen wirren Berg von Kleidern, Zahnbürste, Mütze und Bergstiefeln.

»Puh, das Packen ist schwieriger als eine Bergwanderung«, stöhnt Pascal und lässt sich auf die Couch fallen.

»Wer den Riesen bezwingen will, muss gut ausgerüstet sein.«

»Ach was, diesen Riesen packen wir locker.« Pascal ist aufgesprungen und ballt seine Faust.

»Ich bin fertig«, sagt Nadja und hebt prüfend ihren roten Rucksack in die Höhe. »Der ist schwer.« Sie lässt den Rucksack auf den Stuhl plumpsen.

»Lass mal sehen.« Pascal reißt den Rucksack mit einem Ruck nach oben. »Pippileicht! Meiner ist viel größer und schwerer.«

»Wer klug ist und ganz nach oben will, weiß, dass es am besten geht, wenn er und das Gepäck leicht sind«, mischt sich Frau Gebhardt ein.

»Pah«, tönt Pascal, »wir werden ihn besiegen.«

»Ganz langsam, euer Riese wird sich morgen schon wehren.«

»Aber Mama, wir wollen es doch schaffen, dann werden wir das hinkriegen«, sagt Nadja.

»Natürlich, wer etwas wirklich will, kann vieles erreichen.«

»Motivation ist alles, sagt Reinhold Messner.« Pascal grinst.

»Ganz richtig, mein großer Bergsteiger, aber der Berg ist über zweitausend Meter hoch und für Kinder ist das wirklich ein echter Riese.«

»Der wirkliche Riese bin ich.« Die Stimme von Herrn Gebhardt kommt aus dem Flur. »Ihr habt schon alles gepackt? Dann kann es ja morgen in aller Frühe losgehen.«

 **Wohin willst du? – Warum wir Ziele brauchen**

Kinder haben ein großes Ziel: Sie wollen groß und erwachsen werden. Aber Kinder haben auch viele kleine Ziele: Du willst Fahrrad fahren können, gut am Computer sein, vielleicht ein Musikinstrument spielen oder etwas ganz anderes können. Wer viele Ziele hat, dem wird nicht langweilig und der kann auch viel erreichen. Um ein Ziel zu erreichen, musst du dich anstrengen. Aber es lohnt sich. Wenn du ein Ziel erreichst, kannst du stolz auf dich sein und dich freuen, dass du es geschafft hast.

»Das ist wirklich ein Riesenberg!«, stöhnt Nadja, steigt aus dem Auto und wirft einen prüfenden Blick in die Berge.

»Das schaffen wir schon«, tröstet sie ihr Vater und nimmt sie in den Arm. »Schaut, da oben am Gipfel liegt noch ein bisschen Schnee.« Die Felsen des Berges liegen in der aufgehenden Morgensonne. Der Schnee am Gipfel leuchtet glänzend weiß.

»Oh, es ist noch ganz kalt.« Pascal reibt sich die Arme warm.

»Ja, zieht euren Anorak an.« Herr Gebhardt öffnet den Kofferraum des Autos. Nadja und Pascal stürmen zu ihren Rucksäcken.

»Was fällt denn aus deinem Rucksack?«

»Das ist, das ist …«, stottert Nadja, »das ist mein Teddybär.«

Pascal bückt sich, gibt Nadja den Bären und grinst übers ganze Gesicht.

»Lach nicht, der hilft mir, wenn ich nicht mehr weiterkann.« Nadja nimmt den Teddy und verstaut ihn wieder in ihrem Rucksack.

»Das ist doch toll, dass du einen Helfer in deinem Rucksack hast.« Herr Gebhardt nickt Nadja zu.

»So, und nun geht es los. Alles klar? Habt ihr eure

Bergstiefel gut geschnürt?« Herr Gebhardt mustert die Kinder genau. Er schlägt die Tür des Kofferraums zu. Pascal rennt den schmalen Weg, der durch grüne Wiesen führt, nach oben.

»Lass Pascal nur rennen. Einen langen Weg muss man langsam angehen, damit man oben noch Puste hat«, erklärt Herr Gebhardt.

»Und man sieht dann auch die Blumen«, ergänzt Nadja.

»Es ist herrlich hier in der Natur. Rieche mal, wie frisch und gut es hier duftet.«

Pascal rennt noch ein Stück nach oben, dann kommt er wieder nach unten gerannt. Dabei hat er die Arme wie Flügel ausgebreitet.

### In der Natur ist man frei und glücklich

Draußen im Freien und in der Natur zu sein, ist für die meisten Kinder das Schönste. Da bist du nicht so eingeengt wie zu Hause oder im Klassenzimmer. In der Natur kannst du dich wirklich frei fühlen. Du kannst losrennen, hüpfen oder dich ins Gras werfen. Dabei fühlt sich dein Körper richtig gut an. Und du selbst fühlst dich ganz frei.

Außerdem ist es in außergewöhnlichen Landschaften wie in den Bergen, an einem See oder am Meer besonders schön.

»Superschön ist es hier«, stößt er atemlos hervor.

»Ja, die Natur ist einfach herrlich«, sagt Herr Gebhardt. Nadja schweigt und geht ganz langsam und gleichmäßig neben ihrem Vater her.

Der Weg ist inzwischen schon steil geworden. Unten liegt der Parkplatz, auf dem das rote Auto der Familie Gebhardt steht.

»Wer kommt uns denn hier in die Quere?« Pascal geht auf das neugierige braune Kalb zu. Es steht mitten auf dem Wanderweg.

»Geh doch weg«, schimpft Pascal und versucht das Kalb zu verscheuchen. »Wir müssen hier durch, sonst erreichen wir den Gipfel nie.«

Er nimmt einen Stock in die Hand und hält ihn drohend hoch.

»Nein!«, ruft Nadja, die mit ihrem Vater um eine Biegung des Weges kommt.

»Das ist doch kein Stier, sondern nur ein harmloses Kalb«, lacht Herr Gebhardt.

»Ich gebe ihm von meinem Apfel ab.« Nadja geht an Pascal vorbei und vorsichtig auf das Kalb zu und reicht ihm mit spitzen Fingern den Apfel, den sie schon zur Hälfte gegessen hatte.

Das Kalb schnappt schnell zu und erwischt den Apfel. Nadja zuckt zurück und lacht: »Iih, das Kalb hat auch meine Hand nass gemacht.« Sie wischt sich die Hand an ihrer Hose ab. Dann schlüpft sie am Kalb vorbei den

Weg nach oben. Pascal und ihr Vater folgen ihr. Das Kalb dreht sich kauend um und schaut den Wanderern nach.

»Unser erstes Abenteuer ist bestanden«, sagt Herr Gebhardt.

»So ein Kalb hat es doch gut. Es muss nicht zur Schule. Ob Kälber und Kühe wohl glücklich sind?«, denkt Nadja laut nach.

»Das weiß man wohl nicht. Aber da Tiere auch Schmerzen haben können, können sie sich wahrscheinlich auch wohlfühlen. Das Kalb sieht ganz zufrieden aus.«

»Und vielleicht ist es sogar glücklich, weil es von mir einen Apfel zum Fressen bekommen hat.«

»Wo ist denn Pascal schon wieder?«, wundert sich Herr Gebhardt.

»Da vorne auf dem großen Felsblock steht er und balanciert.«

»Hoffentlich fällt er nicht herunter.« Herr Gebhardt geht schneller. »Mach keinen Blödsinn! Pass auf dich auf!«, schreit er. Pascal winkt wie wild. Er scheint das Rufen seines Vaters nicht zu hören. Jetzt steht er auf einem Bein.

»Dieser Junge treibt einen noch in den Wahnsinn«, keucht Herr Gebhardt.

»Ach was, Papa, reg dich doch nicht auf. Pascal kann doch gut balancieren.«

»Stimmt. Pascal ist ein echter Balanciermeister, schon von Kind an.« Herr Gebhardt schaut wieder zu dem Felsblock. Pascal hat sich hingesetzt. Herr Gebhard wischt sich den Schweiß von der Stirn.

»Papa«, ermahnt Nadja ihren Vater. »Du weißt doch, Pascal beherrscht das Balancieren.«

»Wie du das Einmaleins.«

»Da bin ich wirklich besser als Pascal.«

Nadja und ihr Vater gehen wieder langsamer. Sie nähern sich dem Felsbrocken, auf dem Pascal winkend auf sie herunterschaut.

»Hier machen wir Rast!«, ruft Pascal von dem Felsen herab.

Hinter dem Felsen ist ein Holzbrunnen, aus dem glitzernd Wasser in eine Tränke fließt. Von dort fließt das Wasser in einen kleinen Bach durch die Steine.

**Etwas können macht stark und stolz**

Jeder kann etwas ganz besonders gut. Du kannst vielleicht ein Musikinstrument spielen, andere können gut Fußball spielen, wieder andere Kinder sind gut am Gameboy.

Wenn wir etwas gut können und es wie im Schlaf tun können, dann sind wir darin wahre Meister. Alles geht wie von alleine. Du musst dich gar nicht mehr anstrengen, es »flutscht« einfach nur so. Für dieses Gefühl gibt es ein englisches Wort: »flow«, das heißt »fließen«. Es beschreibt, dass dir alles ganz leicht gelingt, so als würde es einfach nur so fließen und flutschen.

»Ja, hier ist ein toller Rastplatz.« Herr Gebhardt schaut sich um. Nadja wirft den Rucksack von sich und lässt sich ins Gras fallen.

»Iih, jetzt regnet es!«

»Das kann doch nicht sein«, sagt Herr Gebhardt.

Nadja schaut zu Pascal hoch. Pascal spritzt mit seinem Trinkbecher Wasser auf Nadja.

»Gemein!« Nadja läuft zum Brunnen und spritzt Wasser nach Pascal.

»Das erreicht mich nie.«

»Aber wenn du was zu essen haben willst, musst du runterkommen.« Nadja lacht. Pascal steigt vorsichtig herab. Bald treffen ihn die Wasserspritzer von Nadja. Schon ganz nass rennt er zur Tränke und schlägt in das Wasser. Richtige Wellen platschen auf Nadja. Doch sie lässt sich nicht unterkriegen und schaufelt Wasser nach Pascal. Eine richtige Wasserschlacht ist nun im Gange.

»So, genug! Jetzt seid ihr abgekühlt. Kommt her zum Vesper und stärkt euch.« Herr Gebhardt winkt den beiden zu. Triefend kommen sie zu ihrem Vater, der inzwischen die Brote, Tomaten, Obst und die Getränke ausgepackt und ausgebreitet hat.

»Stärkt euch richtig, denn jetzt kommt der letzte, aber auch der steilste Teil. Jetzt wird es sich zeigen, ob wir den Alpriesen bezwingen können.«

Die Sonne steht sehr hoch am Himmel und brennt heiß auf die drei Wanderer herab. Nadja geht vorneweg und stapft den steilen, eng gewundenen Weg nach oben. Dann kommt ihr Vater. Pascal ist einige Hundert Meter zurückgefallen.

»Wartet auf mich«, ruft er den beiden hinterher.
»Was ist los?«
»Ich kann nicht mehr.« Pascal bleibt stehen und stützt die Hände in die Hüften.
»Nicht aufgeben, geh ganz langsam weiter«, ruft Herr Gebhardt Pascal zu.
»Und du, kannst du noch?«, fragt er Nadja.
»Ja«, sagt Nadja, »Teddy sagt aus dem Rucksack zu mir: ›Du schaffst es. Du machst das gut.‹«
»Das ist ein toller Teddy. Für Pascal muss jetzt wohl ich den Teddy spielen.« Herr Gebhardt geht zurück zu Pascal, der inzwischen im Gras sitzt.
»Ich kann nicht mehr, mir tun meine Beine weh und außerdem habe ich Kopfschmerzen.«
»Du bist zu viel hin- und hergerannt, deshalb bist du jetzt so erschöpft«, sagt Herr Gebhardt. »Da hilft jetzt nur Eines: Setz dich in den Schatten des Felsens und trink ein bisschen was.«
»Können wir nicht umkehren?«

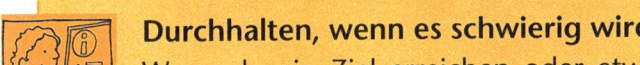
**Durchhalten, wenn es schwierig wird**
Wenn du ein Ziel erreichen oder etwas Kompliziertes lernen willst, kann das auch schwierig werden. Es geht dir vielleicht zu langsam, es ist anstrengend und du kommst gerade nicht weiter. Das ist ganz normal und geht allen so, wenn sie etwas Besonderes lernen oder erreichen wollen.
Doch du darfst dein Ziel nicht aus den Augen verlieren. Und dann merkst du, dass du es unbedingt schaffen willst. Plötzlich spürst du auch wieder deinen Willen und die Kraft, die Schwierigkeiten zu überwinden. Durchhalten lohnt sich, weil es dann umso schöner ist, das Ziel zu erreichen.

»Wer wird denn jetzt aufgeben, wo wir doch schon so weit gekommen sind? Jetzt erhole dich und dann wirst du das ganz sicher packen. Schau hinunter, wie weit wir schon heraufgestiegen sind, und schau nach oben, es ist wirklich nicht mehr so weit.«

»Aber mein Rucksack ist so schwer.«

»Komm, dann nehme ich dir was ab und dann wird er leichter. Dann geht es dir wie im Märchen von Hans im Glück.«

»Hans im Glück?«

»Ja, je mehr der von seinen wertvollen Sachen hergegeben hatte, desto glücklicher wurde er. Nichts hat ihn mehr beschwert. Er konnte dann ganz frei und glücklich daherhüpfen.«

»Ich kann nicht mal mehr gehen.«

»Jetzt ruhe dich noch ein bisschen aus und dann werden wir das gemeinsam schaffen.«

»Da vorne ist das Gipfelkreuz«, Herr Gebhardt weist mit der Hand nach oben.

»Ja, ganz nahe.« Nadja beginnt, ein wenig schneller zu gehen. Pascal richtet seinen Oberkörper wieder auf. Er wischt sich den Schweiß von der Stirn und bleibt stehen.

»Komm, mein Junge. Du schaffst das und du kannst doppelt stolz sein.«

»Doppelt?« Pascal flüstert nur noch.

»Du bist doch fast doppelt so viel gegangen mit deinem Hin- und Herlaufen. Du hast den Alpriesen gleich zweimal bezwungen.«

Pascal lächelt und setzt sich wieder in Bewegung.

»Hurra, ich bin oben. Ich habe ihn bezwungen, den Alpenriesen«, schreit es von oben. Das ist Nadja. Sie lehnt am Gipfelkreuz. Mit dem rechten Arm umschlingt sie den aufrechten Pfahl des Kreuzes, mit dem linken winkt sie. Ein paar andere Bergwanderer stehen ebenfalls auf dem Gipfel.

Pascal geht im Schatten seines Vaters die letzten Meter zum Gipfel hoch.

›Meine Beine fühlen sich wie schwerer Stein an‹,

denkt Pascal. Die letzten Schritte taumelt Pascal mehr, als dass er geht.

»Geschafft«, seufzt er und sinkt am Gipfelkreuz nieder.

»Ist das nicht schön!«, ruft Herr Gebhardt. »Wie frei fühlt man sich hier oben, fast wie ein Vogel, der glücklich durch die Luft fliegt.« Herr Gebhardt breitet seine Arme aus und dreht sich langsam, sodass er nach allen Himmelsrichtungen schauen kann.

»Super!« Nadja tanzt um das Gipfelkreuz.

Pascal ist wieder auf den Beinen. Dann macht er etwas versteckt, aber so, dass Nadja es sehen kann, das V mit dem Zeige- und Mittelfinger. »Wir haben ihn besiegt!« Dann schlägt er Nadja ab.

> **Hurra – du hast es geschafft**
> Wenn du dein Ziel erreicht hast, wenn du die Vokabeln gut kannst oder eine Vorführung gut gemacht hast, dann bist du zuerst erleichtert und froh. Du kannst dich nun riesig freuen und laut »Hurra« schreien. Mach dir klar, dass du das selbst hingekriegt hast. Darauf kannst du stolz sein und dich selbst loben: ›Das hast du gut gemacht.‹ Du kannst über deinen Erfolg richtig glücklich sein und ihn genießen. Große Erfolge wie ein tolles Zeugnis kannst du auch feiern. Vielleicht geht ihr dann Eis essen oder es gibt ein richtiges kleines Fest.

»Jetzt machen wir ein Foto von uns Gipfelstürmern.« Herr Gebhardt holt die Digitalkamera aus seinem Rucksack. Er bittet einen anderen Bergwanderer, ihn und die Kinder am Gipfelkreuz zu fotografieren.

»Cheese!«, ruft der Bergwanderer.

»Bitte schön aufrecht und stolz!«, flüstert Herr Gebhardt seinen Kindern zu, legt die Arme um sie und lacht breit in die Kamera.

»Ihr könnt wirklich stolz und glücklich sein, dass ihr solch einen Berg bezwungen habt«, sagt der Bergwanderer und gibt Herrn Gebhardt die Kamera zurück. Herr Gebhardt geht zu Pascal und Nadja und zeigt auf einen blauen Fleck, der zwischen den Bergen aufblinkt.

»Schaut, dort hinten könnt ihr ein Stück vom Bodensee sehen. Und da drüben liegt Österreich und dahinten die Schweiz.«

»Wie viele Berggipfel es hier gibt.«

»Die werden wir alle noch bezwingen.« Die Stimme von Pascal klingt fest und sicher. Nadja tippt sich an die Stirn und Herr Gebhardt schüttelt den Kopf: »Nein, nicht schon an das Nächste denken. Jetzt sind wir erst mal hier und genießen unseren Erfolg und vor allem die tolle Fernsicht.« Herr Gebhardt legt seine Wanderjacke auf den Boden und setzt sich bequem hin. Nadja zieht ihren Teddybären aus dem Rucksack. Sie drückt ihn an ihr Gesicht und flüstert: »Du warst großartig!«

Herr Gebhardt dreht sich zu Nadja und sagt zu ihr: »Du bist großartig!« Er betont das Wort »du« und lächelt ihr zu.

»Kinder, wir müssen absteigen.« Herr Gebhardt steht auf. Pascal hebt verschlafen seinen Kopf.

»Du hast ein Nickerchen gemacht?«

Pascal nickt und erhebt sich stöhnend. »Oh, meine Muskeln«, jammert er.

»Ich habe meinen Bären und du einen Kater«, spottet

Nadja und fügt hinzu: »Einen Muskelkater.« Pascal will Nadja packen. Sie entwischt ihm und schließt sich ihrem Vater an, der schon den Weg nach unten eingeschlagen hat.

»Schade, dass wir den Gipfel verlassen müssen.«

»Ja, alles Schöne hat auch sein Ende«, erwidert Herr Gebhardt. »Außerdem bin ich traurig, dass wir absteigen müssen.«

**So bekommst du Selbstvertrauen**
Wenn dir etwas gelingt, wenn du etwas gelernt hast oder gut kannst, kannst du stolz darauf sein. Gerade die schwierigen Dinge, die du lernst oder dir gelingen, machen dich besonders stolz. Du hast dich angestrengt, hast Schwierigkeiten überwunden und bis zum Schluss durchgehalten.
Du kannst dir dann auf die Schultern klopfen und dich loben. Dabei merkst du, wie du ein bisschen größer und aufrechter wirst. Und du wirst auch andere Dinge angehen und anpacken können. So wächst dein Selbstvertrauen und vieles wird für dich immer einfacher und leichter.

»Traurig? Runter geht es doch viel leichter«, sagt Pascal, der inzwischen nachgekommen ist.

»Till Eulenspiegel war jedenfalls traurig, weil er beim

Absteigen schon an den nächsten Aufstieg gedacht hat. Deshalb hat er sich beim Aufsteigen gefreut.«

»Komischer Typ, dieser Till Eulenspiegel«, brummt Pascal.

»Und ich freue mich auf das Gasthaus und die Dusche.« Nadja kämmt sich mit der rechten Hand durch ihr nasses und verschwitztes Haar.

»Und ich auf Pommes mit Ketchup.« Pascal verdreht seine Augen und fährt sich mit der Zunge über die Lippen.

»Und ich werde Mama anrufen und ihr sagen, dass wir alles glücklich geschafft haben.«

»Da wird sich Mama freuen«, sagt Nadja.

»Und stolz auf uns sein«, ergänzt Pascal.

Nadja und Pascal beginnen zu hüpfen.

›Welch ein Glück, so tolle Kinder zu haben‹, denkt Herr Gebhardt, lächelt vor sich hin und beginnt ebenfalls zu hüpfen.

 **WAS DU HEUTE GESCHAFFT HAST**

Wenn du abends im Bett liegst, kannst du dir überlegen, was du an diesem Tag alles geschafft hast. Auf alles, was dir gelungen ist, kannst du stolz sein und das macht dich glücklich. Wenn du dir das zusammen mit deinem Vater oder deiner Mutter überlegst, dann wird dir sehr viel einfallen. Du kannst dir sagen »Ich habe das geschafft« – das macht dich stark. Das ist wie Nahrung für dein Selbstvertrauen.

Du darfst stolz auf dich sein, weil du es geschafft hast,

- ☑ am Morgen aufzuwachen und aufzustehen.
- ☑ dich anzuziehen, deine Zähne zu putzen und dich zu kämmen.
- ☑ an das zu denken, was du in der Schule brauchst, und es in deinen Schulranzen zu packen.
- ☑ deinen Schulranzen aufzusetzen und in die Schule zu tragen.
- ☑ deine Mitschüler und deine Lehrer zu begrüßen.
- ☑ halbwegs still im Unterricht zu sein und zuzuhören, was deine Lehrerin oder dein Lehrer sagt.
- ☑ etwas laut vorzulesen, mitzuschreiben oder etwas in dein Heft zu malen.
- ☑ etwas Lustiges zu machen, einen Witz zu erzählen oder mit den anderen zu lachen.

- ☑ deine Meinung zu sagen und mit den anderen zu diskutieren.
- ☑ nach Hause zu gehen und deinen Eltern etwas von der Schule zu erzählen.
- ☑ deine Hausaufgaben zu machen und etwas Schönes in dein Heft zu malen.
- ☑ mit deinen Freunden oder Freundinnen zu telefonieren, um dich zu verabreden.

Nun kannst du dir selber überlegen, wie dein Tag weiterging und was dir dabei alles gelungen ist. Je genauer du hinschaust, desto mehr wird dir einfallen. Je mehr dir einfällt, desto stolzer kannst du auf dich sein.

Jetzt fehlt noch eines! Klopf dir auf die Schulter, dass du das alles an einem einzigen Tag hingekriegt hast!

 **WAS TUN, WENN DU UNGLÜCKLICH BIST?**

Jeder Mensch ist auch einmal unglücklich. Wenn dir etwas misslingt, wenn etwas schiefgeht oder du einfach Pech hast, dann bist du auch unglücklich. Das ist völlig in Ordnung.
Und doch ist es gut, wenn du bald wieder glücklich wirst.

Wenn du unglücklich bist, dann helfen dir die folgenden Dinge.
- ☑ Zunächst darfst du frustriert, genervt, schlecht drauf und traurig sein. Du darfst auch wütend sein und schimpfen. Du spürst, dass dir das guttut. Aber bald merkst du auch, dass es damit genug ist.
- ☑ Mache dir klar, dass jeder einmal Pech hat und unglücklich ist – und jetzt hat es leider dich erwischt.
- ☑ Erzähle deinen Freunden, Freundinnen oder Eltern von deinem Unglück. Sie werden dich ganz sicher trösten.
- ☑ Du kannst dich auch selbst ein wenig trösten und dir sagen: »Ja, jetzt ist es schlimm, aber es wird vorbeigehen.«
- ☑ Wenn du für dein Missgeschick nichts kannst, dann sage dir: »Nicht meine Schuld! Ich habe einfach Pech gehabt und beim nächsten Mal läuft es besser.«
- ☑ Wenn du irgendwie mit daran schuld bist, weil du

zum Beispiel nicht richtig auf eine Klassenarbeit gelernt hast, dann sage dir: »Da muss ich mich bei meiner eigenen Nase fassen. Ich lerne etwas daraus und mache es beim nächsten Mal besser.«

- ☑ Tue dann etwas, was du sonst gerne tust und dir gefällt. So wird es dir bald besser gehen, weil du dann an etwas anderes denkst und abgelenkt bist.
- ☑ Du merkst dann, dass es dir besser geht. Nun kannst du dich selber entscheiden und dir sagen: »Ich will jetzt nicht mehr unglücklich sein.«
- ☑ Wenn es dir wieder gut geht, kannst du dir sagen: »So, das habe ich gut hinter mich gebracht. Jetzt will ich mich wieder freuen können.«
- ☑ Zu guter Letzt kannst du dir sagen: »Ich werde wieder glücklich sein, schließlich bin ich ein kleiner Glückspilz!«

# Trotz Unglück glücklich sein?

 **MARCEL GEWINNT DAS ROLLSTUHLRENNEN**

Marcel sitzt aufgeregt in seinem Rennrollstuhl. Neben ihm stehen Annalena, seine große Schwester, mit ihrem Fahrrad und seine Eltern, Herr und Frau Peichel. Viele andere Zuschauer stehen an den Laufbahnen des Sportplatzes. Manche haben ein Fähnchen in der Hand und winken damit. Manche heben Pappschilder hoch mit Aufschriften wie »Sven – unser Champion« oder »Sieg für Lara«.

»Ich will das Rennen gewinnen«, sagt Marcel. Sein Rennrollstuhl hat die Nummer 5. Die Räder stehen schräg, damit er auch mit hohem Tempo in die Kurven gehen kann. Statt zwei Vorderrädern gibt es nur ein kleines Rad, mit dem Marcel den Rennrollstuhl lenkt.

»Wir alle drücken dir die Daumen.« Herr Peichel zeigt Marcel den gereckten Daumen. Frau Peichel lächelt.

›Wie traurig und unglücklich war Marcel nach dem Unfall‹, erinnert sich Frau Peichel. ›Wie oft bin ich an seinem Bett gesessen und habe versucht, ihn zu trösten. Nie mehr gehen und laufen können. Wie schlimm war der Gedanke damals.‹

»Mama!« Marcel weckt Frau Peichel aus ihren Erinnerungen. »Gib mir noch einmal die Trinkflasche.«

Marcel nimmt einen kräftigen Schluck und zieht dann die Handschuhe fest um seine Hände, damit er im Rennen die Greifräder seines Rollstuhles besser im Griff hat. Er packt die Greifräder, die neben den großen Rädern des Rollstuhles angebracht sind, und bewegt sein Gefährt langsam zur Startlinie. Neben ihm stehen die Rollstühle von Sven, David, Ahmed und Niklas. Marcel kennt sie von anderen Rollstuhlrennen. Sie sind wie Marcel Meister in ihrer Kreisstadt in der Gruppe der zehn- bis zwölfjährigen Jungen.

»Ich will Landesmeister werden«, flüstert Marcel vor sich hin und packt die Greifräder noch fester.

Er schaut mit großen Augen auf die weiße Startlinie, dann zu dem Mann mit der Pistole in der Hand.

»Auf die Plätze.« Der Starter hebt die Pistole. »Fertig! – Los!« Das letzte Wort geht im lauten Knall der Pistole unter.

Die Jungen geben den Greifrädern mit ihren Händen einen Schub. Die Rollstühle setzen sich langsam in Bewegung. Rasch werden die Rennrollstühle schneller und schneller, jeder auf seiner Bahn. Die Arme der Jungs holen aus, geben den Greifrädern mit den Händen wieder einen Stoß, lassen los, holen wieder aus, geben wieder einen Stoß.

»Ist das nicht toll, wie die Jungs Rollstuhl fahren können?« Annalena verfolgt das Rollstuhlrennen.

»Du wirst doch nicht neidisch sein, oder?«, entgegnet Herr Peichel.

»Nein!« Annalena schüttelt heftig den Kopf. »Marcel kann toll Rollstuhl fahren und ich kann toll Rad fahren.«

»Genau. Und eigentlich gibt es da keinen Unterschied, außer dass du auf zwei Rädern fährst und Marcel auf drei Rädern.« Frau Peichel tritt einen Schritt nach vorne, um besser sehen zu können, wie die Rennrollstühle in die erste Kurve einbiegen.

»Marcel hat auch sehr viel trainiert.« Herr Peichel erinnert sich, wie Marcel zum ersten Mal im Rollstuhl saß. Marcel war traurig und bockig. Er wollte den Rollstuhl nicht, er wollte sein Fahrrad. Seine Arme waren viel zu untrainiert, um sich und den Rollstuhl zu bewegen. Enttäuscht gab Marcel auf. Es dauerte Wochen, bis Marcel es noch einmal versuchte. Heimlich hatte er mit Gewichten seine Armmuskeln trainiert. Und tatsächlich: Der Rollstuhl setzte sich langsam in Bewegung. Es war das erste Mal nach dem Unfall, dass über Marcels Gesicht wieder ein glückliches Lächeln huschte.

»Marcel, Marcel, Marcel«, schreit Annalena. Marcel ist jetzt an zweiter Stelle. Sven fährt vorneweg. Niklas ist schon abgeschlagen der Letzte.

»Ob er Sven noch einholen kann?« Annalena hüpft und tänzelt von einem Bein auf das andere.

### Wer Unglück überwindet, wird stark

Immer wieder geschieht ein Unglück – hoffentlich kein zu großes. Eine Klassenarbeit ist schlecht gelaufen, ein Freund hat abgesagt oder ein Spiel ging verloren. Dann sind wir zunächst enttäuscht und traurig. Trotzdem sollten wir uns sagen: »Pech gehabt. Jetzt erst recht. Ich fange noch einmal an.« Wer es immer wieder versucht, lässt sich nicht so leicht unterkriegen. Er wird richtig stark. Und vor allem: Wenn es dann klappt, sind die Freude und das Glück umso größer.

»Bestimmt! Marcel hat eine gute Kondition und seine Stärke ist der Schlussspurt.« Herr Peichel stößt die geballten Fäuste nach oben.

Frau Peichel ist ein wenig zurückgetreten. Sie schaut vor sich hin.

›Hoffentlich passiert nichts‹, denkt sie. ›Solche Rennen sind doch gefährlich. Ich wollte nicht, dass Marcel das macht, aber es ist sein größtes Glück.‹ Sie erinnert sich, wie Marcel bei einem Rennen nicht rechtzeitig bremsen konnte, der Rollstuhl in den Kies fuhr und mit Marcel umkippte. Marcel schlug mit der Stirn auf den Boden und blutete. Als sie bei ihm war, grinste er nur. »So sehen Champions aus«, sagte er damals. Frau Peichel lächelt in sich hinein.

Ein Raunen geht durch die Zuschauermenge. Frau Peichel sieht, wie Marcel Sven überholt.

»Super, Marcel!«, kreischt Annalena und klatscht wie verrückt in die Hände.

»Ja, du packst es!«, brüllt Herr Peichel. Viele im Publikum springen hoch. Andere beugen sich nach vorne, um alles genau mitzubekommen.

Marcel treibt seinen Rollstuhl noch schneller an. Jetzt geht es in die letzte Kurve vor der Zielgeraden. Ein Aufschrei geht durch das Publikum. Frau Peichel schlägt die Hände vor den Mund. Annalena packt ihren Vater. Herr Peichel öffnet den Mund, aber der Schrei bleibt in seiner Kehle stecken. Alle sehen wie in Zeitlupe, dass Marcel die Linkskurve zu scharf nimmt. Der Rollstuhl kommt in Schräglage. Er fährt auf den beiden rechten Rädern, die linken Räder schweben in der Luft. Marcel neigt sich nach links und gibt dem Rollstuhl noch einen kräftigen Stoß nach vorne. Der Rollstuhl schießt in die Zielgerade, die linken Räder berühren wieder den Boden.

»Puah, Glück gehabt«, stöhnt Frau Peichel.

»Nein, das war Können«, entgegnet Herr Peichel und klopft ihr lachend auf den Rücken.

»Marcel ist eben ein Champion«, ruft Annalena.

Marcel reißt die Arme hoch und lässt den Rollstuhl ins Ziel fahren. Sven kommt als Zweiter über die Ziellinie. Die Familie Peichel rennt zu Marcel. Der hält immer noch die Arme in die Höhe gereckt. Sein Kopf ist rot und seine Haare sind nass vor Schweiß.

»Sieg!«, brüllt Marcel.

»Unser Meister!«, schreit Herr Peichel und umarmt seinen Sohn.

»Super!« Annalena tanzt um den Rollstuhl.

Frau Peichel bleibt stehen und wartet, bis ihr die anderen Platz machen. Sie beugt sich zu Marcel und hält ihn lange im Arm. Sie sagt nichts.

Als sie sich wieder aufrichtet, fließen ihr Tränen über die Wangen.

»Was ist los, Mama, freust du dich nicht?«, fragt Annalena.

»Natürlich, und doch muss ich daran denken, wie schlimm es um Marcel stand.«

»Aber jetzt ist es doch gut!«

»Natürlich.« Sie wischt sich die Tränen ab. ›Es ist so schön für Marcel und doch auch ein wenig traurig. Er wird für immer im Rollstuhl bleiben‹, denkt Frau Peichel. ›Irgendwo habe ich mal gelesen, dass die Traurigen glücklich seien, weil sie getröstet werden. Wo ich diesen Satz wohl gelesen habe? Heute ist Marcel mehr als getröstet. Heute ist er tatsächlich glücklich.‹

»Achtung!« Das ist die Stimme von David, der erst jetzt ins Ziel rollt. Frau Peichel geht zur Seite. Sie wird unsanft aus ihren Gedanken geweckt.

**Trotz Unglück kann man wieder glücklich sein**

Manchmal passieren schlimme Dinge, die schlimm bleiben. Das ist so, wenn jemand nach einem Unfall behindert ist oder ein für uns wichtiger Mensch stirbt. Das ist dann sehr traurig. Dann ist es gut, wenn uns jemand tröstet. Viele Menschen spüren auch, dass sie von Gott getröstet werden und dass Gott ihnen Kraft gibt, trotzdem weiterzuleben. Andere entdecken, dass es trotz des Schlimmen auch noch andere schöne Dinge gibt. Wer zum Beispiel nach einem Unfall nicht mehr gehen kann, kann trotzdem glücklich sein, wenn er gute Freunde hat oder sich über einen Regenbogen freut. Solche Menschen suchen also das Glück in anderen, oft kleinen Dingen. Hauptsache ist, dass sie wieder glücklich sind!

»Jetzt gibt es das Foto mit dem glücklichen Sieger.« Herr Peichel zückt seine Digitalkamera und geht in die Knie. Marcel hebt beide Hände und macht zwei Siegeszeichen und lacht in die Kamera.

»Wie glücklich er aussieht«, sagt Annalena zu ihrer Mutter.

»Ja, und doch kann er sein Glück noch nicht ganz fassen«, antwortet Frau Peichel und legt ihren Arm um Annalena.

# Glückliche Kinder – Glückliche Eltern
## EIN WORT FÜR DIE ERWACHSENEN

### Kinder wollen glücklich sein

Kinder kommen mit der Fähigkeit, glücklich zu sein, auf die Welt. Vom Mutterleib her haben sie die Erfahrung des vollkommenen Glücks noch im Körper gespeichert. Doch leider geht es im Leben draußen nicht nur glücklich weiter. Säuglinge erleben nun auch Hunger, Kälte, Unwohlsein und Schmerzen. Kinder können nicht nur zutiefst glücklich, sondern auch tieftraurig und untröstlich unglücklich sein.

Eine repräsentative Studie des ZDF zum Glück von Kindern zeigt, dass sich Kinder mit sechs Jahren zu siebenundfünfzig Prozent total glücklich fühlen, bei den dreizehnjährigen Kindern sind es nur noch fünfundzwanzig Prozent. Der Leistungsdruck der Schule, weniger Freiräume in der Freizeit und die sich ankündigende Pubertät verändern das Glückserleben von Kindern deutlich.

Offensichtlich sinkt mit zunehmendem Alter von Kindern deren Glück. Sie verlieren ihre »Naivität«, die man wohl auch zum Glücklichsein braucht. Sie müssen nun realisieren, dass das Leben nicht nur Glück, sondern Enttäuschungen, Pflichten, Sorgen und Schmerzen bereithält – kurz: Auch Kinder werden mit dem Ernst des Lebens konfrontiert.

In seiner Entwicklung hat jedes Kind deshalb die Aufgabe, sich die Glücksfähigkeit zu erhalten und die großen und kleinen Unglücke des Lebens zu meistern. Es ist die vornehmste Aufgabe von Eltern, Kinder darin zu begleiten und zu unterstützen. Wir müssen unsere Kinder also nicht glücklich machen, aber wir können sie darin stärken, ihre Glücksfähigkeit bis ins Erwachsenenalter zu bewahren. Wie also wird aus einem glücksbereiten Kind ein Erwachsener, der in seinem Herzen für das Glück offenbleibt? Wie wird aus einem glücksfähigen Kind ein Erwachsener, der nun bewusst mit dem Glück und Unglück seines Lebens umgeht, also aus dem Glück und Unglück ein Ganzes, eben sein Leben gestaltet? Darin liegen die wesentliche Aufgabe und der eigentliche Sinn unseres Menschseins.

**Wie Kinder ihre Glücksfähigkeit bewahren können**

Kinder haben ein natürliches Talent zum Glücksempfinden. Sie können Glück ganz und gar erleben, es ungeteilt ausdrücken und anderen zeigen. Ein lachendes Kindergesicht ist deshalb auch Symbol für das Glück selbst.

Wir sollten Kinder unterstützen, diese Glücksfähigkeit zu erhalten. Dies gelingt uns Eltern und Erwachsenen am besten, wenn wir uns am Glück der Kinder freuen und uns von ihrem Glück anstecken lassen. Hier sind Kinder die wahren Meister des Glücks und wir als Erwachse könnten noch einmal in die Lehre für unser eigenes Glück gehen.

Dabei können wir bei und mit unseren Kindern lernen, dass sie intensivstes Glück erleben, weil sie:

- neugierig auf das Leben sind
- naiv und leichtfertig sind
- jetzt ganz und gar da sind
- leidenschaftlich und mit ganzem Ernst spielen
- in ihrer Fantasie alles verwandeln
- im Kleinsten große Wunder entdecken
- alles und sich selbst vergessen
- sich ausgelassen und überschäumend freuen
- über jeden Unsinn lachen und kichern
- streicheln, schmusen und lieben und sich streicheln und lieben lassen
- genießerisch Lust empfinden und lustvoll genießen
- aus dem Nichts und Weggeworfenem Neues schaffen
- ständig wachsen und über sich hinauswachsen
- Schlimmes und Schwieriges vergessen
- auch ganz und gar unglücklich sein können

Wenn wir Erwachsenen uns von diesen Fähigkeiten anstecken lassen, dann werden wir zum Resonanz- und

Verstärkungsraum für das Glück unserer Kinder. Kinder spüren dann, dass sie und ihr Glück zutiefst erlaubt und willkommen sind. Zugleich sollten wir unsere Kinder als Lehrmeister des Glücks anerkennen. Das ist das Beste, das wir für das Selbstvertrauen und Selbstwertgefühl unserer Kinder tun können.

**Was Kinder zu ihrem Glück brauchen**

Wir müssen Kinder nicht glücklich machen. Mehr noch: Wir dürfen Kinder – jedenfalls auf Dauer – nicht glücklich machen. Sie sollten ihre eigene Glücksfähigkeit als ihr eigenes Können erleben und sie so mit jeder Glückserfahrung aus sich selbst heraus neu stärken. Aber wir als Eltern und als Gesellschaft müssen den Rahmen für das Glück unserer Kinder schaffen. Das Glück der Kinder ist dramatisch von uns als Eltern abhängig, auch wenn Kinder Anpassungskünstler sind und in fast jeder Gesellschaft auf ihre Weise ihr kleines Glück finden.

Wenn wir aber für unsere Kinder den Rahmen für deren Glück bereithalten, machen wir unsere Gesellschaft nicht nur ein wenig glücksfähiger, sondern wir ermöglichen uns und unserer Gesellschaft die Zukunft. Bei dem, was wir unseren Kindern an Glück ermöglichen, geht es letztlich um das Überleben unserer Gesellschaft.

Deshalb sollten wir mit Leidenschaft und Engagement unseren Kindern und damit uns selbst Folgendes schenken:

- Kinder brauchen die unbedingte und würdigende Liebe der Erwachsenen, damit sie sich gehalten und geborgen wissen.
- Kinder brauchen das uneingeschränkte Vertrauen der Erwachsenen, damit sie Selbstvertrauen entwickeln können.
- Kinder brauchen Spielräume, in denen sie zusammen mit und ohne die Erwachsenen das Leben spielend erfahren und lernen dürfen.
- Kinder brauchen Fantasieräume, in denen alles geträumt, erhofft und gedacht werden kann.
- Kinder brauchen Bewegungsräume, in denen sie laufen, rennen, hüpfen, klettern und tanzen können.
- Kinder brauchen große Mal- und Bastelwerkstätten, in denen sie sich und ihre Kreativität und Produktivität erproben können.
- Kinder brauchen Lernwerkstätten (früher Schulen genannt) und Forschungslabore, in denen sie neugierig bleiben dürfen und die Lust des Lernens entdecken.
- Kinder brauchen Geheimnisräume, in denen sie ohne Erwachsene Geheimnisse haben dürfen und Geheimnisse lüften dürfen.
- Kinder brauchen Treffpunkte mit Gleichaltrigen, in denen sie Freunde für das Leben finden.

- Kinder brauchen Aufgaben, für die sie Verantwortung übernehmen und an denen sie wachsen können.
- Kinder brauchen zugewandte, neugierige, liebevolle, manchmal auch strenge und fordernde Erwachsene – sogenannte Pädagogen –, die ihnen die Räume des Lebens erschließen und erklären.
- Kinder brauchen eine Zukunft, damit sie einen offenen Horizont vor sich haben, in den sie zuversichtlich und hoffnungsvoll hineinwachsen können.

Vieles von dem hier Genannten geben wir unseren Kindern intuitiv und spontan. Bei manchem liegt es an uns Eltern und Erwachsenen, dies den Kindern ganz bewusst zu ermöglichen. Manchmal gilt es auch, die Kinder für diese Angebote zu begeistern, sie dazu aufzufordern, ihnen zu helfen, etwas Neues zu erproben und an der Sache »dranzubleiben«. Wir können zwar Kinder nicht zu ihrem Glück zwingen, aber manchmal brauchen sie unsere Erfahrung und die Anleitung zur Anstrengung und Ausdauer, damit sie auch das Glück, das nicht auf der Straße liegt, finden.

### Kinder stärken und gegen das Unglück wappnen

Wir sollten Kinder schützen, aber ihnen nicht jede Enttäuschung, nicht jede Anstrengung, nicht jeden Verlust und nicht jeden Schmerz ersparen. Kinder brauchen für ihre zukünftige Glücksfähigkeit als Erwachsene auch die Fähigkeit, mit den Enttäuschungen, Verlusten und schmerzvollen Erfahrungen des Lebens umzugehen. Damit Kinder für die Auseinandersetzung mit dem Leben stark werden und trotz Unglück glücksfähig bleiben, brauchen sie zwei grundlegende Erfahrungen: Erstens die Erfahrung der eigenen Widerstandskraft, die sogenannte Resilienz, mit der sie dem Unglück widerstehen und es überstehen können. Zweitens brauchen Kinder die Erfahrung der Selbstwirksamkeit, also das Vertrauen in sich, etwas selbst bewirken zu können, gerade in einer schwierigen Situation. Wir Erwachsenen können Kindern in ihrer Resilienz und ihrer Selbstwirksamkeit stärken, wenn wir ihnen Folgendes vermitteln und es unseren Kindern an uns selbst als Modell zeigen:

- Unglück gehört zum Leben und trifft dich wie andere auch.
- Du darfst dein Unglücklichsein spüren und zeigen.
- Du darfst mir dein Unglück erzählen und sagen, warum du unglücklich bist. Dann tröste ich dich.
- Du darfst auf das Unglück wütend sein und kannst dagegen aufbegehren und dich oft auch wehren.
- Du bist mit meiner Unterstützung stark genug, Unglück zu überwinden.
- Das Unglück geht vorüber und du kannst deine Gefühle des Unglücklichseins aktiv beenden.
- Du darfst und kannst dir Hilfe holen.

- Du kannst am Unglück etwas lernen.
- Du kannst und darfst wieder glücklich sein, weil du ein kleiner Glückspilz bist und sein darfst.

Wenn Kinder lernen, bewusst mit dem Unglück umzugehen, dann werden sie es auch als Erwachsene können. Wer als Erwachsener sein Unglück bewusst erleben und annehmen kann, der wird es nicht nur überwinden, sondern der wird auch sein Glück als wahres Glück empfinden.

## Machen Kinder Erwachsene glücklich?

Kinder sollen Erwachsene nicht glücklich machen. Es ist nicht ihre Aufgabe, auch wenn wir mit Kindern immer wieder intensivste Glücksmomente erleben. Kinder bringen die Erfahrung von Glück, aber auch von Sorge, Angst und Leiden, die wir zusammen mit unseren Kindern erleben. Kinder sind insbesondere für das Glück der Ehe und Partnerschaft der Eltern ein echtes Risiko, weil sie mit ihren Wünschen und Bedürfnissen eine Paarbeziehung belasten. Eltern müssen deshalb sehr bewusst für das Glück ihrer Beziehung »gegen« ihre Kinder eintreten und sorgen.
Wer mit Kindern intensiv lebt, lässt sich auf das Leben in seiner ganzen Weite, in seinen tiefsten Tiefen und in intensivster Dichte ein. Dazu laden uns unsere Kinder

ein. Es bleibt unsere Aufgabe, dass wir diese Einladung ins Leben annehmen und uns darauf einlassen. Wir können aber auch für unsere Kinder nichts Besseres tun, als uns auf ihr Glück und ihr Unglück einzulassen. Wenn unsere Kinder glücklich sind, können wir mit ihnen größtes Glück erfahren. Das mit Kindern geteilte Glück ist vervielfachtes Glück. Wenn unsere Kinder unglücklich sind, teilen wir mit ihnen ihr Unglück, damit ihr Unglück ein wenig geringer wird. Kinder machen also nicht nur glücklich, aber sie machen das Leben erfüllt und sinnvoll. Und so werden Kinder wieder Lehrmeister für uns, nämlich Lehrmeister für den Sinn des Lebens. Einen Sinn für unser Leben zu finden, ist die erwachsene Form des Glücks, weil hier Glück und Unglück zu einem Ganzen integriert sind. Es ist das leise Glück, im Ganzen einen Zusammenhang zu sehen und vielleicht im Glauben etwas Größeres als unser eigenes begrenztes Dasein zu wissen. Dieses leise Glück eines Lebenssinnes bedeutet nicht, dass wir Erwachsenen nicht immer wieder ganz »kindliche« Glücksmomente erleben dürften – ganz im Gegenteil.

## Mit dem freien Kind in uns das Glück der Kindheit entdecken

Für Erwachsene ist die Kindheit das Paradies des Glücks, in das man nie mehr zurückkehren kann. Stimmt das wirklich? Eltern jedenfalls haben noch eine Chance. Ihre Kinder öffnen ihnen den Weg zurück ins Paradies des Glücks und der eigenen Kindheit, jedenfalls in Augenblicken des gemeinsamen Glücks.
Es ist auch für uns Erwachsene nie zu spät, eine glückliche Kindheit zu haben. Unsere Kinder helfen uns, noch einmal und immer wieder ein glückliches Kind zu werden. Kinder erinnern und konfrontieren uns mit dem Kind in uns. Wenn unser Kind unglücklich ist, weil es ausgeschlossen oder gehänselt wird, erleben wir das wie damals. Wir sehen uns als Mädchen und Junge von einst mit den genau gleichen traurigen Gefühlen. Dann ist es wieder da, das Kind von damals. Dieses sogenannte innere Kind haben wir im Alltag und in den Schwierigkeiten des Erwachsenenlebens weggeschoben, vergessen oder gar unterbunden. Oft wurde das Kind damals und damit unser inneres Kind von heute in seiner Neugier gebremst, in seinen Lebenswünschen frustriert oder in seinen Gefühlen verletzt. Wir können heute als Erwachsene, die wir nun eigene Kinder haben, dieses innere Kind besser verstehen und es besser versorgen. Dann erwacht auch ein Kind in uns, das wir damals nicht sein durften und heute oft nicht sein

dürfen. Wir nennen es das »freie, spontane Kind«, das wir alle schon von unserer biologischen Ausstattung her mitbringen. Dieses Kind ist neugierig, lebenshungrig, glückssehnsüchtig, unvernünftig und spontan. Natürlich ist dieses Kind keine Garantie für unser Glück. Manchmal rennt es sogar in sein eigenes Unglück. Und doch gibt es kein Glück ohne dieses lebendige, spontane Kind in uns, weil es die Sehnsucht nach dem Glück in uns bereithält. Als Erwachsene brauchen wir den Kontakt zu der Lebendigkeit des inneren Kindes. Unsere Kinder führen uns zu unserem inneren Kind. Unsere Kinder zeigen uns, dass kein Kind der Welt, auch nicht das Kind in uns, die Suche nach dem Glück aufgeben wird. Und wie alle Kinder dieser Welt ist auch unser inneres Kind fähig dazu, das Glück zu finden.

Roland Kachler
Juli 2008

# Register

Aha-Erlebnis  88
Anstrengung  82, 108

Basteln  80, 82
Befriedigung  82
Begeisterung  67, 68

Dazugehörigkeit (Gruppe)  39
Durchhaltevermögen  109

Entdeckung  85
Enttäuschung  32, 57
Erfolg  112, 127
Erleichterung  14, 46

Familie  41 ff., 44, 45 ff., 54 ff.
Fantasie  91
Frei fühlen  102, 111
Freude  60, 66, 70
Freundschaft  34 ff., 50

Geburtstag  54 ff., 63
Geduld  55
Geschenk  48, 59
Geschwister  42
Gewinnen  21

Glücksbringer
   Glücksschwein  28
   Schornsteinfeger  28
   Vierblättriges Kleeblatt  28
Glücksgefühl  20
Glückshormone  20
Glückspilz  72
Glückwunsch  23

Helfen  39
Helfer  101

Krankheit  129

Lachen  14, 15, 16
Langeweile  77
Lernen  85, 86, 94 ff.
Liebe (Erwachsene)  25, 26
Liebe (Familie)  42, 44

Malen  80, 82
Meister  106

Natur  102
Neues  82, 85
Neugier  79, 83, 85, 92

Noten (Schule) 32ff.

Pech 20, 29, 118
Pechsymbole
  Scherben 29
  Schwarze Katze 29
  Zahl dreizehn 29

Schadenfreude 36
Schenken 60
Schönes 68
Schreck 12
Schule 32ff.
Schwierigkeiten 109,
Selbstvertrauen 40, 106, 114
Sieg 127
Spannung 59, 79
Spielen 17, 88ff.

Stark 106, 125
Statussymbole 42
Stolz 82, 100, 106, 116

Teilen 62
Tod 45, 129
Traum 91

Überraschung 54ff., 59, 60
Unfall 12, 129
Unglück 118, 127
Unterstützung 38, 44ff., 110

Vorfreude 55

Zeitgefühl 27
Zerbrechlich 63
Ziele 100, 109
Zufriedenheit 82

In dieser Reihe ebenfalls erschienen:

Wie ist das mit … der Trauer
Wie ist das mit … den Religionen
Wie ist das mit … der Familie
Wie ist das mit … der Umwelt


Kachler, Roland:
Wie ist das mit … dem Glück
ISBN 978 3 522 30165 7

Gesamtausstattung: Sandra Reckers
Einbandtypografie: Michael Kimmerle
Innentypografie: Bettina Wahl
Schrift: ITC Stone Sans und Serif, Chinacat
Satz: KCS GmbH, Buchholz/Hamburg
Reproduktion: Medienfabrik GmbH, Stuttgart
Druck und Bindung: Friedrich Pustet, Regensburg
© 2009 by Gabriel Verlag (Thienemann Verlag GmbH), Stuttgart/Wien
Printed in Germany. Alle Rechte vorbehalten.

5 4 3 2 1°      09 10 11 12

www.gabriel-verlag.de

## Die Sachbuchreihe mit Unterhaltungs- und Lernwert

144 Seiten mit farbigen Illustrationen von Sandra Reckers

Roland Kachler
**Wie ist das mit ... der Familie**
ISBN 978 3 522 30143 5

Christian Neuhaus
**Wie ist das mit ... der Umwelt**
ISBN 978 3 522 30156 5

Roland Kachler
**Wie ist das mit ... der Trauer**
ISBN 978 3 522 30116 9

Karlo Meyer · Barbara Janocha
**Wie ist das mit ... den Religionen**
ISBN 978 3 522 30117 6

www.gabriel-verlag.de